U0508804

近代政治史系列

妇女运动史话

A Brief History of
Women's Movement in China

刘 红　刘光永 / 著

社会科学文献出版社
SOCIAL SCIENCES ACADEMIC PRESS (CHINA)

图书在版编目（CIP）数据

妇女运动史话/刘红，刘光永著.—北京：社会科学
文献出版社，2012.3
（中国史话）
ISBN 978 - 7 - 5097 - 2933 - 5

Ⅰ.①妇…　Ⅱ.①刘…②刘…　Ⅲ.①妇女运动 -
史料 - 中国　Ⅳ.①D442.9

中国版本图书馆 CIP 数据核字（2011）第 253865 号

"十二五"国家重点出版规划项目

中国史话·近代政治史系列

妇女运动史话

著　　者／刘　红　刘光永

出 版 人／谢寿光
出 版 者／社会科学文献出版社
地　　址／北京市西城区北三环中路甲 29 号院 3 号楼华龙大厦
邮政编码／100029

责任部门／人文分社（010）59367215
电子信箱／renwen@ ssap. cn
责任编辑／孔　军　宋荣欣
责任校对／杨春花
责任印制／岳　阳
总 经 销／社会科学文献出版社发行部
　　　　　（010）59367081　59367089
读者服务／读者服务中心（010）59367028

印　　装／北京画中画印刷有限公司
开　　本／889mm×1194mm　1/32　印张／5.25
版　　次／2012 年 3 月第 1 版　　字数／104 千字
印　　次／2012 年 3 月第 1 次印刷
书　　号／ISBN 978 - 7 - 5097 - 2933 - 5
定　　价／15.00 元

总　序

　　中国是一个有着悠久文化历史的古老国度，从传说中的三皇五帝到中华人民共和国的建立，生活在这片土地上的人们从来都没有停止过探寻、创造的脚步。长沙马王堆出土的轻若烟雾、薄如蝉翼的素纱衣向世人昭示着古人在丝绸纺织、制作方面所达到的高度；敦煌莫高窟近五百个洞窟中的两千多尊彩塑雕像和大量的彩绘壁画又向世人显示了古人在雕塑和绘画方面所取得的成绩；还有青铜器、唐三彩、园林建筑、宫殿建筑，以及书法、诗歌、茶道、中医等物质与非物质文化遗产，它们无不向世人展示了中华五千年文化的灿烂与辉煌，展示了中国这一古老国度的魅力与绚烂。这是一份宝贵的遗产，值得我们每一位炎黄子孙珍视。

　　历史不会永远眷顾任何一个民族或一个国家，当世界进入近代之时，曾经一千多年雄踞世界发展高峰的古老中国，从巅峰跌落。1840年鸦片战争的炮声打破了清帝国"天朝上国"的迷梦，从此中国沦为被列强宰割的羔羊。一个个不平等条约的签订，不仅使中国大量的白银外流，更使中国的领土一步步被列强侵占，国库亏空，民不聊生。东方古国曾经拥有的辉煌，也随着西方列强坚船利炮的轰击而烟消云散，中国一步步堕入了半殖民地的深渊。不甘屈服的中国人民也由此开始了救国救民、富国图强的抗争之路。从洋务运动到维新变法，从太平天国到辛亥革命，从五四运动到中国共产党领导的新民主主义革命，中国人民屡败屡战，终于认识到了"只有社会主义才能救中国，只有社会主义才能发展中国"这一道理。中国共产党领导中国人民推倒三座大山，建立了新中国，从此饱受屈辱与蹂躏的中国人民站起来了。古老的中国焕发出新的生机与活力，摆脱了任人宰割与欺侮的历史，屹立于世界民族之林。每一位中华儿女应当了解中华民族数千年的文明史，也应当牢记鸦片战争以来一百多年民族屈辱的历史。

当我们步入全球化大潮的 21 世纪，信息技术革命迅猛发展，地区之间的交流壁垒被互联网之类的新兴交流工具所打破，世界的多元性展示在世人面前。世界上任何一个区域都不可避免地存在着两种以上文化的交汇与碰撞，但不可否认的是，近些年来，随着市场经济的大潮，西方文化扑面而来，有些人唯西方为时尚，把民族的传统丢在一边。大批年轻人甚至比西方人还热衷于圣诞节、情人节与洋快餐，对我国各民族的重大节日以及中国历史的基本知识却茫然无知，这是中华民族实现复兴大业中的重大忧患。

中国之所以为中国，中华民族之所以历数千年而不分离，根基就在于五千年来一脉相传的中华文明。如果丢弃了千百年来一脉相承的文化，任凭外来文化随意浸染，很难设想13亿中国人到哪里去寻找民族向心力和凝聚力。在推进社会主义现代化、实现民族复兴的伟大事业中，大力弘扬优秀的中华民族文化和民族精神，弘扬中华文化的爱国主义传统和民族自尊意识，在建设中国特色社会主义的进程中，构建具有中国特色的文化价值体系，光大中华民族的优秀传统文化是一件任重而道远的事业。

当前，我国进入了经济体制深刻变革、社会结构深刻变动、利益格局深刻调整、思想观念深刻变化的新的历史时期。面对新的历史任务和来自各方的新挑战，全党和全国人民都需要学习和把握社会主义核心价值体系，进一步形成全社会共同的理想信念和道德规范，打牢全党全国各族人民团结奋斗的思想道德基础，形成全民族奋发向上的精神力量，这是我们建设社会主义和谐社会的思想保证。中国社会科学院作为国家社会科学研究的机构，有责任为此作出贡献。我们在编写出版《中华文明史话》与《百年中国史话》的基础上，组织院内外各研究领域的专家，融合近年来的最新研究，编辑出版大型历史知识系列丛书——《中国史话》，其目的就在于为广大人民群众尤其是青少年提供一套较为完整、准确地介绍中国历史和传统文化的普及类系列丛书，从而使生活在信息时代的人们尤其是青少年能够了解自己祖先的历史，在东西南北文化的交流中由知己到知彼，善于取人之长补己之短，在中国与世界各国愈来愈深的文化交融中，保持自己的本色与特色，将中华民族自强不息、厚德载物的精神永远发扬下去。

《中国史话》系列丛书首批计 200 种，每种 10 万字左右，主要从政治、经济、文化、军事、哲学、艺术、科技、饮食、服饰、交通、建筑等各个方面介绍了从古至今数千年来中华文明发展和变迁的历史。这些历史不仅展现了中华五千年文化的辉煌，展现了先民的智慧与创造精神，而且展现了中国人民的不屈与抗争精神。我们衷心地希望这套普及历史知识的丛书对广大人民群众进一步了解中华民族的优秀文化传统，增强民族自尊心和自豪感发挥应有的作用，鼓舞广大人民群众特别是新一代的劳动者和建设者在建设中国特色社会主义的道路上不断阔步前进，为我们祖国美好的未来贡献更大的力量。

陈奎元

2011 年 4 月

目　录

引　言

　　在中国封建社会的漫漫长河中，固然不乏花木兰代父从军、穆桂英挂帅大破辽兵的动人传说，也出现过堪与男子媲美的女政治家、女才子，乃至女豪杰，但广大妇女始终被政权、族权、神权、夫权四条绳索紧紧捆绑，处于社会的最底层，过着无权、无地位的悲苦生活。

　　明末清初，随着资本主义萌芽的发展，一些具有叛逆精神的进步思想家，开始把目光投向妇女，对妇女受迫害、遭奴役的处境表示了一定的同情。在他们揭露和批判封建礼教的著作言论里，已闪耀出男女平等的火花。他们可谓是中国近代妇女运动的启蒙者。

　　到近代，从鸦片战争到太平天国革命，在反抗外国侵略和本国封建统治者的斗争中，无不有妇女参与其间。她们手执武器，与男子并肩战斗，谱写了光辉的篇章。她们的奋起和业绩，特别是太平天国妇女地位的改善，对广大妇女的觉醒无疑是巨大的推动和鼓舞。但就其行动本身而言，还没有形成以实现男女平

1

等为主要内容的妇女运动。

　　严格意义上的中国近代妇女运动，亦即资产阶级妇女运动，是从维新变法运动拉开序幕的。

一 维新运动"女权"声

 维新派的呼喊

中日甲午战争后，中国面临被帝国主义列强瓜分的危险，民族危机空前严重。为挽救危亡，以康有为、梁启超为代表的资产阶级维新派发动了一场维新变法运动。维新变法运动既是维新派试图效法西方资产阶级国家的政治制度进行的一次政治改良运动，也是一次初步的思想解放运动。

当时，随着向西方学习的逐步深入，不光西方资产阶级的政治制度，资产阶级的"天赋人权"说以及自由、平等、博爱和个性解放等观念也逐渐传入我国，并为先进的中国人所接受。这样，在康有为、梁启超领导的维新变法运动中，千百年来妇女备遭封建专制主义压迫的问题，便第一次被维新派作为重要的社会问题尖锐地提了出来。

维新派以西方资产阶级的"天赋人权"、民权平等思想为武器，勇敢揭露和抨击封建礼教对妇女的压迫和摧残。他们指出，几千年来封建统治者"倡扶阳抑阴之说"，"其待女子也，有二大端：一曰充服役，二曰供玩好"，根本不把女人当人看待。当仁不让要为妇女"呼弥天之冤"、"拯沉溺之苦"的康有为，在维新变法运动前就开始酝酿的《大同书》里，以维新改革的立场不仅为妇女设计了一个充满幻想色彩的"大同"世界，也描绘出一幅妇女备遭封建礼教禁锢、束缚的悲惨图画。他淋漓尽致地揭露道：封建礼教的层层密网，对于妇女"忍心害理，抑之，制之，愚之，闭之，系之，使不得自主，不得任公事，不得为仕官，不得为国民，不得预议会，甚且不得事学问，不得发言论，不得达名字，不得通交接，不得预享宴，不得出观游，不得出室门"。一句话，沉埋于封建社会最底层的广大妇女，除了供男子驱使，终生为囚、为刑、为奴、为私、为玩具外，一点权利也没有。他大声疾呼："男女同为人类，同属天生"，如此压制女子，是"损人权，轻天民，悖公理，失公益，于义不顺，于事不宜"，必须加以改革。

在对封建礼教发起的冲击中，维新派对千余年来沿袭的缠足陋习的抨击更为集中、更为猛烈。他们考察了缠足的由来及历史，愤怒指出缠足为中国之一大"奇病"，它不仅紧束着妇女的双足，使之失去劳动能力，也使妇女的身心受到严重摧残。妇女"一经束缚，遂成废人"。以供男子玩赏，强迫二万万女子所造成的"三寸金莲"，绝不是什么值得炫耀的"国粹"，而是一种自杀的愚蠢行动，是中国人的奇耻大辱。对此"残忍酷烈，轻薄猥贱之事"，无论从社会政治、伦理道德，还是卫生健康来说，都必须加以革除。维新派还为此发起成立"不缠足会"，在会中掀起不缠足运动，在其拟定的不缠足会"章程"中，明确规定"凡入会人所生女子，不得缠足"，"凡入会人所生男子，不得娶缠足之女"。一时间，许多地方都出现了类似"天足会"、"不缠足会"的组织。

维新派已认识到妇女解放的必要和急迫性，把它作为维新变法运动的一个重要方面，从而接受并积极宣传男女平等的思想。他们指出，男女同为天地所生，四肢五官没有两样，自然应该同享平等权利，男女平等是完全符合"天赋人权"的公理的。有一位名叫王春林的还以《男女平等论》为题，撰文阐发男女平等为天经地义之事。这是中国近代史上第一次明确提出并初步论证男女平等的文章。思想激进并为维新运动献出生命的谭嗣同，在其所著《仁学》一书里更认为"男女同为天地之精英，同有无量之盛德大业"，他不仅对封建主义的三纲五常进行了全面尖锐的批判，认为包括男女在内的一切不平等是社会发展的严重障碍，而且呼唤妇女敢于冲决一切网罗，做一个独立、平等、自立的人。

维新派还放眼世界，以西方和日本的妇女为例，强调说明妇女解放不单关系到妇女自身的命运，而且直接关系到国家的强弱和盛衰，把妇女解放同救亡图强密切联系在一起。这既是民族危机日益深重的反映，也说明维新派对妇女问题的认识较之早期进步思想家又有了进一步提高。梁启超在谈到必须发展妇女教育时，就主要是从"富国强兵"的角度立论的。他说发展妇女教育至少有四个功能，这就是一可以变"分利"为"生利"，二可以除无才之累，三可以兴母教，四可以益胎教。所谓"分利"、"生利"，意思是说妇女不能受教育，便不能就业，要依靠男子生活，只能"分利"，不能"生利"，如果受到教育，谋生自立，即可变"分利"为"生利"。所谓除无才之累，是说妇女一旦受到教育，其聪明才智便可充分"开发"出来，涌现出大量了解天下大事、关心国家的"人才"；且妇女的智力原本不比男子差，历史上妇女人才所以比男子少主要是受到压制的缘故，并不是由于男女智力有什么差异。由此他得出了发展妇女教育可以"兴国智民"的结论，说妇女教育发达的国家，其国力必强；反之，其国力必弱。他又说："男女平权，美国斯盛；女学布濩，日本以强。兴国智民，靡不始此。"他甚而认为妇女教育是"天下存亡强弱之大原"。梁启超的这些论述，集中代表了维新派妇女解放的主张。

值得注意的是，在讨伐封建礼教、为妇女的大声呼喊中，也伴有妇女自己的声音。她们虽然人数不多，但认识水平和坚决态度却丝毫不逊于维新派男子，在有些方面甚至更为强烈。她们同样接受并运用西方资产阶级的"天赋人权"说，愤怒控诉封建礼教对妇女的毒害，指出人有男女之别，就如同光有黑白、形有方圆、质有流凝、力有吸拒、数有奇偶、物有雌雄一样，原是自然之理，根本没有什么尊卑高下之分。男与女虽然"形质不同，而为人之道则一也"。同为人，自然应该平等。但中国自古以来却视女子为"异类"，

"立法以防闲之，重门以锢蔽之"，更规定"夫可听其离妇，妇不得听其离夫"，"夫杀妻则止杖，妻杀夫则必凌迟"，遂使"男有权而女无权，天下之事，皆出于男子所欲为"。这是何等的无理，何等的不公平！在"起二万万沉埋之囚狱，革千余年无理之陋风"的怒吼中，她们同样着眼于民族危亡，把谋求男女平等同祖国的强盛紧密联系在一起，认为实现男女平等，解救二万万女子脱离苦海，"其必大有益于强种富国之道"；又说："天下之治，本非一人之力，人人共此心，男女共此志，治内治外，各展良图，则国之贫弱，又何足患！"有一位名叫刘纽兰的女子，接过顾炎武的"天下兴亡，匹夫有责"的命题，响亮地提出了"天下兴亡，女子亦有责焉"的口号。出于强烈的爱国热情，她们还提出了设立贵妇院，设女学部大臣，以及"举女特科，定女科甲"，准许妇女参加科举考试等项政治要求。同时，由于对妇女的痛苦有着深切的体会，她们批判的矛头并指向封建的婚姻制度，鲜明地提出了婚姻自主的主张。所有这些，在一定程度上反映了妇女的开始觉醒，也从一个侧面说明了维新派鼓吹妇女解放的社会影响。

当然，维新派对妇女问题的认识还很肤浅，无论是对西方资产阶级国家"女权"的宣传，还是对妇女受压迫社会根源的分析都带有相当的局限性。但在维新变法运动中，维新派毕竟高举起了男女平等的旗帜，且触及妇女解放的诸多方面，为妇女界的觉醒、妇女运动的勃兴历史地演出了一首前奏曲。

中国人自办的第一所女学堂

维新派主张男女平等，并不完全停留在文字宣传上，而且努力付诸实践。

近代中国人自办的第一所女学堂，就是维新派实践的一个成果。

女学堂在鸦片战争后不久就在中国出现。它的创办对引进西方女学，开中国风气之先不无推动作用。但创办者无一例外地全是外国传教士，主要目的也是为了传教和政治上的考虑。针对这一情况，还在维新变法运动前，陈虬、郑观应等就提出了自设女学堂的主张，但由于受到顽固势力的反对，并未实行。这不能不使维新派受到极大的刺激。康有为的女儿康同薇就愤慨地说：我偌大中国有的是人，却由外国人来办女学，这是何等地耻辱，又足见我中国人何等地没有志气！

还在 1897 年下半年，经元善、梁启超、康广仁、郑观应等人就开始酝酿自设女学堂。他们为此一面撰写文章，鼓吹设立女学堂的必要，一面发起成立中国女学会，吸收妇女参加，共同商议筹办女学堂。谭嗣同的夫人李闰、康广仁的夫人黄谨娱等均为女学会的倡办董事。当时有一篇谈论女学会的文章，就生动地记述说："有了这女学会，这班太太、奶奶们，年老年壮的，无论富贵贫贱，可以会在一块儿，阐扬这女学的宗旨，个个痛痒相关，容易公议办事。"

梁启超不仅写了《论女学》、《记江西康女士》等文，还为女学堂亲自起草了《女学会书塾创办章程》和《倡设女学堂启》。在《倡设女学堂启》中，梁启超明确表示虽然办女学困难重重，但是为了"振二千年之颓风，拯二百兆人之吁命"，也要成此美举，以"为天下倡"。

在筹办女学堂的过程中，为了大造声势，同时听取外国妇女对创办女学堂的意见，在经元善的组织活动下，还在上海张氏味莼园安垲第召开了有中外妇女参加的"裙钗大会"，到会者达 122 人。有这么多的中外妇女会聚一起共商中国办女学堂一事，这在中国历史上还是第一次。

但创办女学堂，必须得到清政府的批准。经元善、郑观应、梁启超等为此多次上书南、北洋大臣，申述创办女学堂的理由。经多方奔走，最后得到南洋大臣刘坤一的批准，并准许刻用木质图章，以昭信守。至于经费，则须通过"民捐"解决。

经过半年筹备，中国人自己创办的第一所女学堂，犹如难产的婴儿终于在 1898 年 5 月 31 日呱呱落地了。

这所女学堂初名桂墅里女学会书塾，后来正式定名为中国女学堂。校名前特别冠以"中国"二字，主要是为了表明它是中国人自己办的，以与外国传教士办的那些女学堂相区别。校址选在上海城南高昌乡环境优美的桂墅里的一座二层楼内。大门右书"女学重地"，左书"禁止闲人"，上书"轨仪可则"。俨然一所正规的女学校。

女学堂的建筑，同学堂的教学内容一样，采中西合璧形式。房舍宽敞，设备亦甚齐全。一位来中国的英国女士在参观了女学堂后，记述其观感说：女学堂"房屋轩敞，参用中西式样。学堂饮食起居，一切均甚整洁"，"各卧房均在楼上，每房安置四床，床皆有帐，床前有茶几、人靠椅各一。每房有公用衣橱一、面架一"。校内所有设备，半为西制，"大餐房、会客房，亦系外国格式"。"中西合璧"虽不可避免地打上了那个时代的烙印，却也不难看出创办者锐意女学并隐然与外国传教士所办女学相抗衡的一番良苦用心。

女学堂管理采董事会制。董事会由捐款人中选举内外董事各 20 人组成，经元善任总理，沈和卿及经元善夫人总管堂务。初办时由沈和卿任提调（相当校长），暑假后改推女画家、中文教习刘可青代理。中文教习还有蒋畹芳、龚慧苹等；西文教习先后有葛瑞星、徐贤梅和美国传教士林乐知的女儿林梅蕊等，林梅蕊并任西文总教习。此外，还有医学、针线教习各 1 人，女工若干人。10 月底，女学会又在上海城内淘沙场陈公祠内时化堂设立分校，邀请中、西文教习各 1 人。女学堂所有教职员工，概由妇女担任。

1898 年 5 月 31 日女学堂开学时，只有学生 16 人。到年底学生增至 40 余人，第二年年初激增到 70 余人。一时间，"远方童女，亦愿担凳负笈而来"。其中有不缠足者数人，更引人注目。

女学堂在教学方法上宣称"采仿泰西、东瀛师范"，目的则是培养、造就有文化、有妇德和身体健康

的"贤妻良母"。这与它标榜的"以彝伦为本"的办
学方针是相一致的。在这一方针下，课程设置既有
《幼学须知句解》、唐诗、古文、英语、算术、地理、
图画、医学等，也有《女孝经》、《女四书》、《内则衍
义》。这说明这所旨在"开风气之先"的新立女学堂，
仍具有浓厚的封建性。

当中国人自办的第一所女学堂以这样的面貌出现
时，还是受到有识之士的交口称赞，认为它"创千百
年未有之盛举"，"诚千古绝大之美举"。有两首诗写得
格外动情，赞美中更寄予深切的期望：

海上传闻广厦开，纷纷红袖问经来。
听他欧美人争论，中国新添一半才。

女儿从此幸何之，物理人情尽可知。
教化阴阳罔偏废，蛾眉愿不让须眉。

但同时，尽管女学堂的设立获得政府的批准，入
校学生"亦循循有礼，女师教诱亦甚得法"，仍招来封
建守旧势力的诅咒和围攻。女学堂开学不久，就有流
氓无赖"在墙外抛掷砖石"，肆意骚扰破坏。很快，便
有人上书，对女学堂大加攻击。原来曾表示支持创办
女学堂、财大气粗实力雄厚的大买办封建官僚盛宣怀，
态度也为之大变，不仅不肯继续为女学堂捐款，而且
连经元善打算从电报局20万公积金中提出一部分来维
持女学堂的开支，也利用职权禁止发给。

在一片反对声中，在困难重重的条件下，女学堂勉力办了一年多后，不得不于 1899 年 8 月 18 日在报上刊登"告白"，宣布将设于桂墅里的总校停办。

女学堂总校停办后，经元善等为维持中国人自办女学堂的一线生机，决定将城内淘沙场分校保留下来，由原分校监塾蒋畹芳包办。分校原有学生 20 名，又增加原桂墅里本校住塾高等生 9 人，共 29 名。蒋女士每月仅得津贴 50 元，以病弱之躯，苦心经营，加之事务繁多，经常累得吐血不止。在办女学几乎无人敢问津的情况下，一个女子能有这样的毅力，实在难能可贵。

但蒋畹芳的满腔热情也很快就被无情的政治风浪所摧毁。1900 年，经元善因领衔通电反对慈禧太后废光绪帝，遭到清政府通缉，逃往澳门。女学堂便随之被迫停办。

女学堂虽未能继续办下去，但它的创办本身就是对几千年传统封建主义的有力冲击，而且以铁的事实证明中国人完全能够创办自己的女子学堂。

 第一份妇女报纸

维新派发起成立的女学会，不仅促进了女学堂的创办，而且孕育出中国第一份妇女报纸。

还在维新派酝酿创办女学堂的过程中，就有人建议应同时创办一份妇女报纸。不久，在维新派办的《湘报》上，便赫然出现了以女学会书塾女提调、女董事名义刊登的《中国女学拟增设报馆告白》，宣布同人等为开通女界消息，于女学堂创办之时设一《官话女学报》，希望女界"大手笔"慨然相助，惠赐"佳作"，在社会上公开亮出了妇女创办自己报纸的旗帜。

这份孕育中的妇女报纸，从当时妇女普遍缺乏文化的实际出发，一开始就确定了"用官话（普通话）演谈一切女学，期易于披览"，也就是所说的"雅三俗七"的办报方针，所以取名《官话女学报》，只是由于个别主笔持不同意见，最后才定名为《女学报》。

似乎没有经过多大周折，在女学堂开学不到两个月，也就是 1898 年 7 月 24 日，《女学报》便正式创刊。报馆设在上海西门外文元坊，另有 4 个代售处。

《女学报》仿《湘报》格式，每期为一单张，最初每月出三期，以后改为五日一期，1899 年又改为每月一期。因不是以营利为目的，头三期为免费赠送，从第四期起每张报纸只收纸料钱三文。

《女学报》设论说、新闻、征文、告白四个栏目，每期都附有插图。主笔全部由妇女担任，先后应聘者达 30 余名。其中，除康同薇、梁启超夫人李惠仙以及女学会书塾女提调、内董事和女学堂教习踊跃担任主笔外，较著名的还有创办《无锡白话报》的裘敏芳，撰稿最多的潘璇。这批"才女"既是最初觉醒的妇女中的佼佼者，也是中国新闻事业史上的第一批女编辑、女记者。同时，该报每期报首都刊有"女主笔题名"，直将女主笔芳名、籍贯揭示于报端，而不称为某某氏，这在当时也是十分醒目的。

围绕倡女学、争女权这一根本宗旨，《女学报》发表了大量兴办女学、提倡男女平等和要求妇女参政的论文。潘璇在写的一篇文章中，就明确地说："我道这报是救我们二万万人，得平权的起点。《女学报》多印一天，多销一张，便是平权的话，多引一线，多积一面。"《女学报》发表的每一篇文章，无论是强调女学的重要，还是主张应恢复妇女固有的权利，或是主张学习欧美国家和日本的经验，实际上都是贯穿于这一宗旨的"一线"、"一面"，从而线面结合，在总体上对封建专制主义构成一股不小的冲击波。潘璇还举了一个十分形象的例子，直把《女学报》比做鼓舞和呼唤妇女摆脱封建主义枷锁、迈上自由解放之路的一支"牧杖"。她说：从前有一个古国，攻无不取，战无不胜。推其原因，原是这国中有一样宝贝，也就是一支牧杖。这国军师，把这支牧杖擎高起来，军士便齐心大声呐喊，敌军便乱窜地逃了。这《女学报》，"就是我们这枝牧杖了"。这一比喻，妥帖地道出了《女学报》的目的和意义。

同时，文字通俗易懂，议论深入浅出，既成为《女学报》的一大特色，也使它起到了较好的宣传效果。例如，刊登在第二期上的潘璇《上海〈女学报〉缘起》一文，在论述女学为"兴国之本"这一命题时，就这样写道：世界上万事万物，都有个根本。从未见有无根本而能生出事物的，也未见有根本既坏而能生出好事好物的。这女子岂不是世界上生人的根本吗？就好比有良田一块，哪个不想种出五谷来？既种五谷，哪个不想收获好谷米？如将良田抛荒从不理会，要想收获好谷米，是万万不可能的。因此，要想培育人才、富民强国，必须从兴女学、崇女教做起。如今创立了女学堂、成立了女学会，又创办了《女学报》，三件事情，一并举行，真是天下女子的福气。当然，潘璇的论述并不全面，但强调提倡女学的重要还是相当深刻的，而且说得这样明白，自然也就易为普通妇女所接受了。

作为《女学报》实际主编的潘璇，不仅自己能写一手漂亮的白话文，而且极力提倡推广白话文。她撰文说，古人用古话，不过是要表达自己的意思，现在的人"出言措辞，若是能达自己的意思，这就好了，何必用古奥深文呢？"还说：中国之所以至今风气不开，一个原因就是"因为咬文嚼字的脾胃太深了"，"上自朝廷，下及市井，大家相习成风；徒有虚文，毫无实济，以致神灵的后裔，成了具文的世界。可叹！可叹！"她相信随着时代的发展，白话文会受到越来越多人的欢迎，并预言：白话风气一开，不到十年，"一切文理的报章，多要编为白话了"。她还认为，土话只能"行在一县一州的，不能通到一省一国。本报章定用官话，乃是公共天下的意思"。所以既主张用白话办报，同时也主张用官话办报。在当时出版物还大多使用文言的情况下，潘璇独钟于白话、普通话，实在是一个有见识的"奇女子"。她把全部心思投于《白话报》，也以其才华使《女学报》大为增辉。

《女学报》一经问世，就在社会上产生了积极的影响。据第八期刊登的"告白"称："本报价廉物美，每期一出海内称赞，远近来购者云集。每印数千张，一瞬而完。"数千张并不是一个很大的数字，但《女学报》的声音毕竟在妇女界传播开来了。

同女学堂一样，《女学报》最后也遭到了被迫停刊的命运。但作为维新变法运动的产物，《女学报》同女学会、女学堂三位一体，相辅相成，历史地显示了它们的地位和作用。当时就有人形象地比喻说："女学会、女学堂、《女学报》三桩事情，好比一株果树。女学会是个根本，女学堂是个果子，《女学报》是个叶，是朵花。"单就《女学报》而言，这朵花一开放，"直把戒外言、内言的这块大招牌，这堵旧围墙，竟冲破打通了"。《女学报》当然不可能有这样神奇的威力，但也可以看出它当时在知识妇女心目中占有何等的分量，被寄予多大的期望。

二 辛亥革命展风采

敲响女界革命的《女界钟》

　　孙中山领导的革命运动，从一开始就十分关心二万万妇女的命运，把动员妇女、实现男女平等同推翻清王朝、建立资产阶级共和国的总目标紧密联系在一起。在《军政府宣言》中，明确宣布说："今际光复时代，其人人各发扬其精神。我汉人同为轩辕之子孙，国人相视，皆伯叔兄弟诸姑姊妹，一切平等，无有贵贱之差、贫富之别；休戚与共，患难相救，同心同德，以卫国保种自任。"虽然由于时代的局限，革命派在宣传中不免有"大汉族主义"的成分，但主张男女之间无"贵贱之差、贫富之别"，"一切平等"，把妇女视为革命救国的重要力量，则是一以贯之的。著名理论家和宣传家陈天华在《警世钟》里，就无限深情地写道："中国人四万万，妇女居了一半，亡国的惨祸，女子和男子一样，一齐都要受的。那救国的责任，也应和男子一样，一定要担任的。"又说："现在是扩张女权的时候，女学堂也开了，不缠足会也立了，凡我的女同胞，急急应该把脚放了，入了女学堂，讲些学问，把救国的担子，也担在身上，替数千年的妇女吐气。"极力主张"天赋人权"并自命为"亚洲的卢梭"的柳亚子，在以"亚卢"发表的《哀女界》一文中，也用沉重而鼓动的文字大声疾呼说："今日何时？此公等沉千渊，飞九天，千钧一发之界线也。公等而不甘以三重奴隶终乎？则请自发奋，请自鼓励，请自提倡，请自团结，实力既足，自足以推倒魔障。"他还满怀希望地激励说："他日义旗北指，羽檄西驰，革命军中必有玛尼他、苏菲亚为之马前卒者，巾帼须眉，相将携手，以上20世纪之舞台，而演驱除异族，光复河山，推倒旧政府，建设新中国之活剧！""呼吁"二万万同胞女子，在投身反清革命斗争中获得自身解放。

针对妇女长期受封建政权、族权、夫权的压迫，革命派还提出了"女子家庭革命"的口号。他们指出，妇女除受"君主法律直接之压制"，还受族权、夫权即"君主法律间接之压制"。因此，对于妇女来说要投身反清斗争，实行政治革命，必先实行"家庭革命"。所谓"家庭革命"，就是要敢于反抗父母、兄弟、翁姑和丈夫的压制，做一个掌握自己命运的自由女子，并以此号召说："故今日非处专制压制下，不必言革命；非处再重专制压制下，更不必言女子家庭革命。"

在革命派的宣传中，影响最大的是金一的《女界钟》。

金一，名天羽，又署天翮，字松岑，号鹤望。江苏吴江人。他早年投身反清革命，为兴中会会员，又是中国教育会吴江同里支部的发起人，热心提倡女学，曾创办明华女学堂，任教于上海爱国女学校，并经常撰写鼓吹女权的文章。1903年，"苏报案"发生后，他被迫从上海中国教育会回到吴江，遂"代舌以笔，竭四星期之力"，写成《女界钟》一书，署名"爱自由者金一"。

为何取名《女界钟》？金一在该书"小引"中明白地说：纵览世界历史，欧洲经过18、19世纪的资产阶级革命，使得"人人有自由权，人人归于平等"。资产阶级的"天赋人权"说，以及"不自由毋宁死"、"最大多数之最大幸福"等思想也已逐渐传入中国，使古老黑暗的中国大地，顿觉有"一线阳光"之射入。但我二万万同胞姊妹，却犹处于黑狱之中，"绝不知文明国自由民，有所谓男女平权，女子参与政治之说"。于是，"苦口陈辞而著此《女界钟》"。可见，它为女界要敲的不是一般意义上的觉醒之"钟"，而是唤起二万万妇女顺应时代发展潮流，在实现资产阶级民主革命的同时赢得自身解放的革命之"钟"。

围绕这一主题，《女界钟》从女子的道德、品行、教育、权利到参与政治，全面阐发了关于妇女解放的观点和主张。归纳起来，最主要的有下列几点：

第一，处当今世界，中国妇女应树立新的道德和品行。所谓新的道德，即以"公德"为上。"公德者，爱国与救世是也"。"爱国与救世，乃女子之本分也"。关于新的品行的内容是什么，书中清清楚楚地指出："今日女子，以活泼机警，英爽迈往，破除迷信，摆脱压制为品性可贵之第一义，而学问次之。"并认为只有破除只注意"个人之私德"和所谓"风雅吉祥"之品性，以新的道德和品性为行为规范，才能成为"新国民"。

第二，要使妇女具有新道德，养成新品性，成为"新国民"，必须实行新式的妇女教育。金一认为中国之教育直可谓培养奴隶之教育，而"女子者，奴之奴也，并奴隶之教育而亦不得闻"。因此，妇女要摆脱奴隶地位，铸造自学自立的人格，唯有接受自尊自立之新式教育。盖"人惟不自尊自立，而后奴隶之教育至；不自为奴隶，而后自尊自立之教育可以设"。他并提出了自尊自立的新式教育的八条标准，这就是：教成高尚纯洁完全天赋之人；教成摆脱压制自由自在之人；教成思想发达，具有男性之人；教成改造风气，女界先觉之人；教成体质强壮，诞育健儿之人；教成德性纯粹，模范国民之人；教成热心公德，悲悯众生之人；教成坚贞激烈，提倡革命之人。可见其提倡新式妇女教育旨在培养爱国革命之女子。

第三，争取女权是妇女解放的重要标志。金一指出中国"女权之剥削，则半自野蛮时代圣贤之垂训，半由专制世界君主之立法使然"。而女权的争得"终不可以向圣贤君主之手乞而得焉"，必须"自出手腕，拼死力以争已失之权利，不得则宁牺牲平和，以进于激烈之现象"。若以平和求权利，就好比"欲诞育佳儿，而避分娩折腹之苦痛，其可得乎?"他并指出妇女应首先争得六种权利，即入学之权利、交友之权利、营业之权利、掌握财产之权利、出入自由之权利、婚姻自由之权利。"苟不得此权利，则虽酿四万万同胞男女之脑血、心血、颈血以购之，所不辞也"。总之，"欲求平权而不得，则先以强权为实行。故曰 20 世纪女权革命之时代也"。公开号召妇女用革命暴力达到争取女权的目的。

该书还专门用一节的篇幅，论述妇女参政问题。它开宗明义指出："二十世纪女权之问题，议政之问题也。议政者，肩有监督政府与组织政府之两大职任者也。"同样，如达到参政要求，必出以"破坏"之手段。为提高妇女的参政能力，他还提出了建立"议政会"的设想，"无论男女，皆可以为会员，皆可以选举事务员及评议员、调查员，且皆可以任会长"。而其宗旨则"以革命为实行，以共和为目的"。他并祝愿共和制度建立后，女子不仅"得为议员"，政府各部门皆有女子之"足迹"，"更愿异日中国女子积其道德、学问、名誉、资格而得举大统领之职"。甚而发誓说："二十世纪新中国新政府，不握于女子之手，吾死不瞑目。"这些设想和议论，固然含有相当的鼓动宣传成分，却也真诚地表现了对妇女潜在能量的判断，因而具有极强的号召力。

第四，要争平权先要争"婚姻自由"。金一指出："自由与平权，为孪生之儿，自由特早一时而生者也。是故自由起而后平权立。"针对当时的买卖婚姻，他大胆地提出了"革命婚姻"的口号。所谓"革命婚姻"，就是破除媒妁、鬼神和金钱的种种束缚压制，真正实行"以一夫一妻为之基础"的婚姻制度。他还生动地描绘说：以此组成的社会，夫妻二人相亲相爱，"朝倚公园之树，夕竞自由之车，商量祖国之前途，诞育佳儿，其革命婚姻之好果，孰有逾于此者哉！"多么美妙的一幅图画！

第五，号召妇女积极投身反清民主革命。《女界钟》专为妇女而作，却并不是孤立地论述妇女解放，而是把妇女解放与反清民主革命紧密联系在一起。投身反清革命，在反清革命斗争中谋求自身解放，像一条主线贯穿于《女界钟》的始终。他指出革命固然不免流血牺牲，但亡国"亦惨剧也，奴隶之剧，大惨剧也"。为挽救祖国的危亡，不做奴隶的奴隶，妇女就必须与男子共同担负起"破坏而建设"的义务。暴力革命不仅为推翻清王朝、"制造新国民"和"组织新政府"所必需，亦为妇女同胞"争权利夺自由之灵咒也"。处于"君权革命"和"女权革命"并重时代的中国妇女，唯有投身于反清革命洪流，在斗争中显现出"宝剑蛾眉，神龙活现"的英姿，才能成为"新中国之女子"。

作者还特别提出，他提倡女权，"非独为二万万同胞姊妹说法也，为中国四万万人民普通说法也"。他又说：19世纪的中国不幸"一落千丈于世界竞争之盘涡"，20世纪的中国则必将"一跃千丈于世界竞争之舞台"。这就更加清楚地表明，《女界钟》鼓吹妇女解放，正是为着整个祖国的振兴和腾飞。

最后，作者热情欢呼："女权万岁，同胞万岁，中国亦万岁！"

《女界钟》集中代表了革命派的妇女观，也是中国近代第一部系统论述妇女问题的著作。它于1903年8～9月间由上海爱国女学校发行后，引起了巨大的反响。正像柳亚子在"后叙"中所说：《女界钟》一书，"其女界黑暗狱之光线乎？其女界革命军之前驱乎？其女界爆裂丸之引电乎？"给予高度的评价。

《女界钟》更受到先进妇女的欢迎。当时已颇有名气的林宗素，在称赞《女界钟》的同时，就直称金一为"我中国女界之卢梭"。

 ## 先进妇女群体的出现

在革命派的大力号召下，随着资产阶级革命运动的蓬勃发展，受到资产阶级民主思想影响的妇女毅然摆脱家庭、传统的重重束缚，勇敢地走向社会。她们或设女学，或结团体，或办报刊，热切地表达了谋求自身解放的愿望和决心。她们响亮地提出："起—起—起，我女界当树独立之帜，而争平等之幸福也。兴—兴—兴，我女界当撞自由之钟，而扫历世之秽史也。"

从整体上看，这批应运而起的妇女虽依然以西方资产阶级的"天赋人权"说和自由、平等、博爱为武器，但无论其触及的广度还是深度，都是维新时期的妇女所不能比拟的。概括起来，她们围绕争自由、谋平等问题主要表达了如下思想。

欲获权利，必先尽义务 她们痛切感到民族危机日益严重，认识到只有担起救国的责任，才有可能获得应有的权利。在亡国危险一天天加重的时候，不去尽一份自己的力量，到国家真的亡了，大家都成了外国的奴隶，还谈得上什么权利？由唐群英发起创办并自任主编的《留日女学会杂志》，在"发刊辞"中就明确地说："女界同胞，正宜当此国家多难，危急存亡厄在眉睫之秋，与男子奋袂争先，共担义务，同尽天职。"而且，"今日义务，即他日权利之张本"。秋瑾在《勉女权歌》里，代表妇女唱出了"爱自由"更要"恢复江山"的共同心声。歌词中写道："吾辈爱自由，勉励自由一杯酒。男女平权天赋就，岂甘居人后？愿奋然自拔，一洗从前垢。若安作同俦，恢复江山劳素手。"秋瑾在弹词《精卫石》中，又写道："扫尽胡氛安社稷，由来男女要平权。人权天赋原无别，男女还须一例担。"号召"四万万男女无分彼此"，"同心协力"，为推翻清王朝共同战斗。其他诸如"天下兴亡，匹妇亦有责"、"不尽义务，焉得权利"等言词，更屡见于她们的演说和文章中。所有这些，都说明这批妇女一出现于社会就把争取自身解放同谋求国家民族独立有机地结合在一起。

争自由、谋平等，目的是要成为一个"女国民"，造成一个"新女界" 这不仅表现在她们创办的报刊上经常出现"女国民"、"新女界"以及"女中华"、"新女性"、"女子世界"等新名词，更表现在她们对这些新名词的解释上。概括她们的话说，所谓"女国民"、"新女界"等，就是敢于冲决网罗，勇于接受"新文明"，具有"新知识"和"新思想"，与"新时代"相适应的名副其实的"国民一分子"。创办《中国新女界杂志》的燕斌，在《社章录要》中就公开揭明，本杂志主义共五条，即：发明关于女界新学说；输入各国女界新文明；提倡道德，鼓吹教育；破旧沉迷，开新社会；结合感情，表彰幽遗。该五条所要达到的，就是建设一个"新女界"。这些新名词及其对它们的解释，既真实地记录了当时知识妇女对妇女解放的认识，也反映了她们的理想和追求。

争自由、谋平等，主要靠妇女自己去争取，而非坐等男子的"赐舍" 她们认为妇女争自由、谋平等，首先要去掉"依赖性"，树立自立、自主、自强和"男女都是一样"的信念。有的具体论述说：兴女学、复女权，若不身体力行，而寄希望于男子提倡，"无论彼男子无暇专此也，就其有暇焉，恐仍为便于男子之女学而已，仍为便于男子之女权而已，未必为女子设身也；就其能设身焉，不能自谋其学与权之女子，能受彼明达男子之教乎？借曰能之，则与其使彼受明达男子之教，毋宁得明达女子自教之矣"。这种说法虽不全面，但强调女子"自谋"，而不完全"委之男子"是正确的，也是积极的。林宗素在为《女界钟》作的"叙"中，既对金一热心提倡女权大加称赞，同时又主张女权主要由妇女自己夺得。她说："权也者乃夺得也，非让与也。"若由男子"代谋"或"让与"，就如同不经过流血、不通过颠覆而希望清政府"平和立宪"，同样是不可得的。同时她认为，要夺得权利，必具备"资格"；唯具备"资格"，才能"保护享受于永久"。所谓"资格",就是"由学问竞争进而为权利竞争",也就是要有竞争的意识和实际行动。

争自由、谋平等,必须对封建礼教发起猛烈冲击
她们从切身感受中,从一开始就认识到自由即"无压制之主义",平等即"无偏重之主义"的重要现实意义。因而她们不仅以辛辣的笔触描绘出一幅幅妇女备遭摧残折磨的悲惨图画,对封建礼教大张讨伐,而且"破中有立",提出了许多富有时代气息的种种主张。例如,针对封建婚姻制度,鲜明提出了废止纳妾、禁止早聘早婚、禁止强迫卖娼、实行婚姻自由、实行一夫一妻制,以及改良婚丧嫁娶陋习等主张。

争自由、谋平等,既抱定决心,也充满了无比信心
她们强调指出,中国女子非但能同男子一样获得权利,而且一定能够赶上乃至超过世界各国女子完全恢复女权。她们充满信心地说:外国女子是人,中国女子亦是人,外国女子能争得权利,中国女子同样能争得权利;即或外国女子争不得参政权,中国女子也能争得,使女权在"东亚先放异彩"。热心提倡女学并深为胡汉民、马君武等赞赏的女医生张竹君也说:中国女子苟能于放足、从事工业二事,"诚心求之,以为自立基础,而更加益于学术,吾见今日荒芜大陆有吾女子树一帜,张一军于其上,他日羡世界女权者将不羡欧美而羡中国"。为表明能够赶超世界各国女子,她们还特别强调中国女子具有诸多潜在的优良品格。

以办《女学报》闻名的陈撷芬在《中国女子之前

途》一文中就写道："美！美！美！吾敢断言曰：吾中国二十世纪后之女界，为超越欧美，龙飞凤舞一绝大异彩之时代。"原因就是吾中国女子具有"三大特性"，即有坚执心、慈爱心和报复心。关于"报复心"，据她解释，就是"仇恨心"，也就是反抗斗争精神。陈撷芬还进而针对中国女子不能超越欧美女子的说法，指出日、英、美、德等国之改革，未经大的革命风暴，"出而争之者男子多，女子鲜有预闻"，所以改革后女子虽有"平等思想"，却无"政治思想"。中国女子既具有此三特性，又处于最大改革之时代，必"发其爱力、慈悲、狠毒之心，破败之，组织之，流血者、成业者必与男子相等。改革时之尽义务既与男子等，他日之权利亦必与男子平"。由此她断言："欧美女界之兴文学，吾中国他日之女界，诚珠光剑气交聚之女界也。"所有这些，一方面表达了她们争自由、谋平等的决心，同时也是她们坚信"自由之花"终将在神州大地大放光彩心境的真实表露。

当然，知识妇女表达和宣传的这些思想，根本上是当时民主革命思潮，亦即所谓"君权革命"和"女界革命"交相结合的产物，并不完全为女界所"发明"。但它启迪并为知识妇女所接受、所阐发，则集中表现了她们谋求自身解放的觉悟程度和革命主动精神。同时表明，伴随着革命运动的需要，中国舞台上也出现了一个受其影响并与之相合拍的先进妇女群体，标志着中国近代妇女解放运动在正规的意义上揭开了第一页。

8 在反帝爱国运动中

先进妇女既以爱国为己任，认识到谋求平等必须与挽救祖国相结合，只有先尽义务然后才能享权利，因而不仅在革命运动中涌现出众多以女同盟会员为代表的女志士、女英雄，如秋瑾为发动起义乃至献出了年轻的生命，被孙中山誉为"巾帼英雄"，而且在为反对帝国主义的侵略而相继掀起的反帝爱国运动中，也都有与男子共同战斗的身影。

1901年3月，为反对沙俄强占中国东三省，上海爱国人士掀起了拒俄运动。24日，第二次集会上，年仅十余岁的女学生薛锦琴愤怒登上讲台，"慷慨陈说"。她沉痛地指出，中国败坏的原因"实由居官者无爱国之心，但求保一己之富贵，互相推诿，将一切重大要紧之事任其废置"所造成的。因此，"今日救急之法当上下合为一心，以国家事为己身之事"，也就是"联合四万万人，力求政府请将主持俄约之大臣撤退，另换明白爱国之人为议和大臣"，与沙俄政府严重交涉。这是爱国妇女在这次运动中发出的第一个声音。

4月27日，在上海的江苏等18省爱国人士再次集会张园，分别通过了呈北京外交部和致各国外交部电，表示对沙俄政府提出的七项无理要求，"全国人民万难承认"；即使清政府承认，人民也决不答应，并称此后"无论何地，再见仇洋之事，皆系俄国所致"。务本、爱国等女学校学生全体参加了这次大会，并在会上高唱《爱国歌》。拒俄运动从此在各地大规模地展开。

消息传到东京，留日学界群情激愤，公议组织拒俄义勇队，与国内拒俄运动遥相呼应。留日女学生也不甘落后，决心与男留学生取一致行动。在"共爱会"集议拒俄会上，胡彬夏不仅号召女留学生参加拒俄义勇队，而且愤然表示："我虽不才，欲以螳臂之微，为国尽力，愿从义勇队此行。事虽无济，即至捐躯殒命，誓无所惜！"她的演说表达了女留学生的共同心声。当场便有林宗素、方君笄、周佩珍等12名女留学生报名参加拒俄义勇队（后改名"学生军"）。当日本帝国妇人协会会长、实践女学校校长下田歌子出面劝阻时，她们流着痛苦的眼泪说："吾侪且无国，安得有身？复安得有学？"

"共爱会"是最早出现的一个留日女学生团体，也是中国第一个妇女革命团体。发起人为胡彬夏，也是实际负责人。它于1903年5月4日一成立，就公开宣布"以拯救二万万之女子，复其固有之特权，使之各具国家之思想，以得自尽女国民之天职为宗旨"。而积极号召女留学生参加拒俄义勇军，正是实践其宗旨的具体表现。后因胡彬夏回国，该会一度停止活动。秋瑾赴日留学后，与陈撷芬"重兴共爱会"，成为继续实行爱国、革命的女留学生团体。

随着拒俄运动迅猛高涨，上海宗孟女学堂出现了一个"对俄同志女会"。所举议长、议员，"皆为女士"。福建的郑素伊、上海的陈婉衍和童同雪被举为总议长。该会成立后，一面发起组织"中国赤十字会"，准备对俄开战后，迅赴战地抢救、护理伤病员；一面"访求侠客，实行暗杀"。郑素伊不仅独力捐银元3000元为会费，还公开声明愿倾家百万雇用侠客，表示无论成败，"毫无所畏，有欲与素伊为难者，素伊以一身担任之，决不累及亲友"。由此被称为"女界义侠"。

更为可贵的是，先进妇女不仅表现出极大的义愤，呼号奔走，有的还以革命相号召。吴弱男在其《告幼年诸姊妹》一文中，就劈头写道："瓜分大祸，危在旦夕。现在若不想法，快快救国，恐怕不久国家就要亡了"；"我们中国这样腐败，现在若不革命，真是没有的救了"。因此，她大声疾呼，妇女要学习法国大革命时代的玛利侬（即罗兰夫人）和圣女贞德，学习中国历史上传说中的代父从军的花木兰，以不怕"造反"的气概，"做出一惊天动地的事，教我四万万同胞出十八层的奴隶，使我中国在地球上算为第一雄国，日后或者能免瓜分的惨祸"。

这表明，在拒俄运动中，一部分先进妇女已逐渐由爱国转向革命。

继拒俄运动之后，为反对美国排斥和虐待华工，要求废止中美华工条约，1905年，中国又掀起了声势浩大的以抵制美货为内容的反美爱国运动。同样，先进妇女发动女界积极参加这一运动，并在以下三个方面表现出极大的主动精神。

第一，深入宣传，与男界密切配合。最先"登高一呼"的上海施兰英，在愤怒谴责美国政府"施其荼毒之计"，残酷迫害我华工的同时，公开号召全国妇女

"实行抵制"，"务达目的而后止"。7月9日，在有百余人参加的女界第一次抵制会上，她又提出了10条抵制办法。其中除前两条为上书美国政府，据理力争废约，和致书各男界，以表同情外，第三条即是"各担运动内地女界之任"。《女子世界》等妇女刊物也积极撰文鼓吹。正是在先进妇女的大力号召和宣传下，苏州、南翔、无锡、南浔、嘉定和广东等地女界，纷纷起而响应，有力推动了抵制运动的发展。

第二，身体力行，坚不购用美货。上海、苏州等地女界从一开始就赞成把拒购、拒用美货作为抵制办法之一。7月20日，在上海商学会召开的千人大会上，张竹君代表女界当众表示："我女界向来用美货最多，今亦当公议不用。"

有的地方还刊印美货详细调查表，或举办美货展览，或要求妇女"亲自辨明牌号"，以防止美货假冒别国商标。广州妇女界一致决议，这年中秋节一律不买月饼，不食月饼，原因是月饼是用油糖和美国面粉制成的。有办婚事的，男家不受美国面粉制的茶果松糕，女家不受美国面粉制的龙凤礼饼。有个小女孩，年仅9岁，名叫褚娥，是嘉兴府支亚馆主人的女儿。她见支亚馆里天天开会讨论抵制美约的事，一天将母亲用的3瓶林文烟香水打破，又自吟自笑，作了一首《抵制美货歌》。其中写道，"我父日日言，禁美货，我母夜夜讲，恨美货，诸人皆说废美货，我也时时恨美货，就拿林文烟香水来打破"，"告姊妹，劝弟哥，大家不用美国货"，"全国儿童学了我，不怕美国枪炮多"。可见，女界不购不用美货的抵制办法，不仅发动面广，态度也是十分坚决的。

第三，自强自立，发展民族工业。时在上海务本女塾求学并以撰写《班昭论》批判班氏《女诫》闻名的张昭汉，在 7 月 9 日上海女界举行的第一次抵制会上就提出：为有效抵制美货，"宜运动资本家，亟应工业创造，以济本国之用，以杜外溢之利"。后又在《争约劝告辞》一文中引申说：欲御外侮，必先求有自立。而发展民族工业，"非惟不致仰给外人，利权外溢，且广开民厂，工业大兴，内地贫穷，各得所养，拔本塞源，莫善于此"。于是各地女界一面"运动有资本者，广兴工业制造"，一面创办各种"女工传习所"，培养女子工艺技术人员，大力推广女子工艺生产。例如，上海速成女工师范传习所，就是"为抵制美约起见"，于 1905 年 8 月 27 日正式成立的。该校专设特别科，"用速成法教授，仿造女子所用各种美货"。这类工业生产的技术水平虽然很低，却表现了妇女发奋图强的精神和决心。

女界踊跃投入抵制美货活动的情况，连外国的报纸也不能不承认："中国妇女，无论老幼，在关系到她的同胞的问题上，表现出理性和影响。"又说：数百名妇女参加了有男子参加的公共集会，仅仅这一点就清楚地表明，"中国确已觉醒"。

如果说在拒俄、抵制美货运动中，女界的活动还比较零散，那么在随后掀起的收回利权运动中，其组织程度则大大提高了，抗争性也愈加强烈了。

收回利权运动的核心是收回铁路自主经营权，也就是反对帝国主义攫夺中国铁路权的保路权运动。因此，运动开展不久，女界很快就出现了"女界保路会"和"女国民拒款公会"两大组织。

女界保路会，为民立上海女中学堂学生王梦龄、苏木楠、周佩莲等响应马相伯等人设立江浙保路会的倡议，于 1907 年 11 月间发起成立的。成立后即联络江浙两省女界，"以劝女界各认股分，多多益善"，务达"保路之目的"。

女国民拒款公会，为俞树萱、谢长达等江浙女界代表联名发起，以"拒绝外债，力保路权"为宗旨。在发表的长达两千余言的《女国民拒款公会公启》中，一面揭露清政府和外务部侍郎汪大燮出卖江浙路权的罪行，揭露英国人的借款"比砒霜还毒"；一面号召妇女快快参加拒款公会，"尽一份责任"，还说"世界上的奸臣乱贼，凡有男子杀他不了的，大半多是女子出手"，主张采取暗杀手段对付那些甘心出卖路权的卖国贼。

在女界保路会和女国民拒款公会的带动下，常州、娄县、嘉兴等地妇女也都行动起来，纷纷集资购股，抵制借款。如常州争存女校致电苏路公司，称"敝校同人咸以赶集路股为颠扑不破之办法，兹集学生开会，群情踊跃，全体赞成，勉集二百股，聊尽一分子之职"。有个自号"天都女侠"的女青年，还居然写了血书，决心北上去刺杀出卖路权的清廷大吏，说"他日东西报纸有惊传中国罗兰出现者，即鄙人是也"。

　　与此相呼应，在上海聚秀女学堂就学的安徽籍学生姚幽兰、胡晓秋等人，也于 1907 年 12 月发起成立"安徽女界路矿保存会"，声援本省人民反对清政府出卖铜官山等矿开采权的斗争。广州德育女校为维护西江主权，在广州各团体不敢公开集会抗议的情况下，不仅发起召开广州女界反对英国侵夺广东西江缉捕权大会，还以西江缉捕"关系主权"，致电军机处和外务部，要求清政府务必力争。

　　在四川保路运动中，女界或发起成立"四川女子保路同志会"，或纷纷参加各地的同志会和同志军，成为一支重要的力量。四川女子保路同志会发起人李哲华，在成立会上被推为赴京请愿及赴湘、鄂、粤联络女界代表，她当即表示"蹈汤赴火，义不容辞"，还要同志为她绣一肖像，留作纪念，大有英雄"一去不复还"之气概。在各地同志军中，更涌现出时三妹、苏二娘、王三娘等率众与清军英勇作战的女英雄。

　　从拒俄运动、抵制美货运动到收回利权运动，一方面显示了妇女越来越重要的作用，另一方面也促进了妇女的进一步觉醒。反帝爱国运动中涌现出来的女界领袖和头面人物，经受胜利与挫折的锤炼，在新的政治风暴中愈加显现出战斗的光彩。

4　驰骋疆场的"娘子军"

　　1911 年 10 月武昌起义，点燃了推翻清王朝的辛亥革命的熊熊烈火。很短时间内，便有湖北、湖南、陕西、山西等 14 个省市相继宣告独立。

武昌起义胜利，先进妇女同样欢欣鼓舞，争先恐后投入各项实际斗争。其中，投笔从戎，积极参军参战，尤为引人注目。

率先要求"投笔从戎"的是武昌文华学堂女学生曹道新。武昌起义胜利后，武昌一位年仅 19 岁名叫吴淑卿的女志士，也慨然上书湖北都督黎元洪，力破女子不能从军之偏见，表示愿"尽当兵之义务"。她还说：此"并非图目下之荣誉，只求其同军士去北地，吾愿舍身而赴敌也"。

随后，女子军事团体和女子军纷纷出现于神州大地。

在名目繁多的女子军中，形成一定规模并有较大影响的有如下五支。

女民国军　它最初由上海尚侠女校代表薛素贞发起，得到沪军都督陈其美批准，并允接济经费，发给军械。陈批文称赞说："披阅简章，具见女子爱国，不让男儿，使巾帼中人尽如君，何患不雄飞世界？"他还以"捐除红粉，从事黑铁，娘子军容，胡儿胆落"的赞词，热情加以鼓励。第一次招募即有 500 名考验合格，组成第一军。

女民国军成立后，改称女子国民军，推林宗雪为司令，薛素贞和林宗雪的妹妹张馥桢为主要助手。林宗雪姐妹同为同盟会员，辛亥革命前著名女志士，直接受到秋瑾熏陶并对秋瑾怀有深厚感情。因而女子国民军司令部正厅，始终悬挂着秋瑾遗像，上有张馥桢所写"神州女侠"四个大字。

当苏浙联军攻取南京，林宗雪率女子国民军前往助战，直接投入战斗。11 月 25 日，苏浙联军总司令徐绍桢在致《民立报》电中称赞说："今日已派兵攻取幕府山，兵气甚壮。现编义勇队五百人，又有女子国民军来投效。同胞奋勇，已属可嘉，女子从戎，尤足以见巾帼须眉之气。"11 月 30 日又致电陈其美说："我军苦战六昼夜，女子国民军亦入战线。"可见女子国民军不仅亲赴前线，而且同男子一样表现得十分勇敢。

攻占南京后，女子国民军驻军神策门内绿筠花圃，一面继续招兵买马，一面加紧操练，积极准备北伐。南京临时政府成立后，孙中山于 1912 年 1 月 3 日亲往女子国民军驻地，与林宗雪及薛素贞、张馥桢 •"晤谈一时许"，对该军勉励有加。

女子北伐光复军 为光复会女会员、上海宗孟女学堂校长陈婉衍奉吴淞军政府都督李燮和之命组织发起，共四队。当联军会攻南京时，该女子军亦特组织女子敢死队 50 名，由陈婉衍率领前往助战。因敢死队"勇猛异常，一洗柔弱之习，以攻取金陵为目的，故又称为荡宁队"。

南京临时政府成立后，陈婉衍又于军中挑选勇敢女子，专组女子北伐队，自任司令。在《女子北伐队宣言》中，这位决心将革命进行到底的女志士慨然表示，怀抱推翻清王朝而"一得践斯志者，于今已十载矣"，乘革命不可阻挡之势，挥戈跃马，大显身手，此正其时也。最后她满怀豪情地写道："他日黄龙痛饮，凯歌南归，当与我同志共叙共和之幸福也。"当时，吴芝瑛等女界有名人物都为陈婉衍的献身精神所感动，纷纷致书，对其率队北伐表示钦佩。

浙江女子北伐队 为尹锐志的妹妹尹维俊发起组织。尹家姐妹是浙江嵊县人，同为光复会员，"素抱光复主义"。武昌起义胜利后，两姐妹在上海积极参与谋划浙江独立。继而率敢死队，"携带大宗炸弹自沪赴杭"。在夜袭浙江巡抚署战斗中，年仅 17 岁的尹维俊第一个冲到抚台衙门，向巡抚署投出第一枚炸弹，保证敢死队与起义新军很快占领了抚台衙门。浙江光复后，尹维俊复率敢死队参加攻取南京，"沿途所经各战，女士莫不骑马荷枪相助"。自后，为继续北伐，尹维俊遂组织该浙江女子北伐队，"谋进北京，大招军士"。由于尹维俊从军以来，历次战斗"冲锋冒险，勇进不却"，当时被舆论赞誉为"玛利侬第二"。

女子军事团 为葛敬华、葛敬诚、沈警音等 18 人发起，推张昭汉任团长。张昭汉即张默君，同盟会员。武昌起义胜利后，她随父亲张通典到苏州策动江苏巡抚程德全"独立"，继而担任江苏《大汉报》经理兼编辑，在妇女界颇负声望。1911 年 11 月 29 日，张昭汉代表女子军事团上书沪军都督陈其美请准立案并发给武器和军饷，强调发起者"素持铁血，粗谙兵机，愿集同侪，誓成义旅"，以"救助同胞，辅翼大军"为宗旨。陈其美当即批准立案，并发给所需武器弹药和服装。

女子军事团刊出招募广告不到 10 天，就有 100 余名热血女子报名应征。经考验有 70 人录选，平均年龄约 20 岁，多数为上海爱国、务本女校的学生和天津直隶北洋女子师范的旅沪学生。在队长沈警音的带领下，每天用半天时间进行军事训练，学习军事知识和作战技术。经过两个月操练，俨然成为一支"军纪军风，肃然可观"的女子军。

南京临时政府成立后，女子军事团奉陆军部令开赴南京，大力开展了军事训练，并积极准备参加北伐。

广东女子北伐队（又称女子炸弹队） 这是广东军政府为响应北伐而组织的一支女子军。全队共 20 人，大多数为同盟会员，有 1/3 以上为香港实践女学校的教职员或学生，由徐慕兰、宋铭黄担任领队。

广东女子北伐队成立后，经过短期训练，于 1912 年 2 月 22 日从广州出发，经南京，直到徐州前线。一路上，"戎装赳赳"，意气风发，虽没有遇到激烈战斗，人人则抱定"直捣黄龙"的决心。队员黄扶庸写给临时未能入队的赵连城的一封信中，就不满地责备说："姊曾云北上，今怯而不来耶？闻姊婚期将迩，谅姊必以为乐事。呜呼！胡虏未获歼灭，而世俗纷纷结婚，国破家亡在迩，亦置脑后。吁！是可忍也孰不可忍也！"责备虽不完全合乎事实，却表达了誓将北伐进行到底的决心。

有一些先进妇女，虽未发起组织或参加女子军，却自投军旅，驰骋疆场，同样表现得十分出色。例如，参加光复浙江的文乐迦，连日骑马指挥，"其勇敢胜须眉十倍"。广东佛山民军中，"有女军人二名，列队同行，均气象凛然"。先于广东女子北伐队从军北上的邹醒民，原在军中任看护，每次战斗均在队后，不能亲手杀敌，为此"极为惆怅"。及至宿州之战，径随前锋开赴战地。"该役极一日之战，女士始终在第一线上，猛勇无比，敌退，同大队追至四十余里，皆在前队"。因头剪短发，身着军士装，全军竟不知其为女子。女同盟会员吴木兰，于汉阳保卫战中，"身伤两处"，仍不下火线。女同盟会员唐群英，在攻克南京战斗中表现勇敢，南京临时政府建立后特颁予二等嘉禾章，等等。

有一首《女革命军》诗，以通俗的文字写道：

女革命，志灭清，屏弃那粉黛去当兵，誓将胡儿来杀尽。五种族，合大群，俾将来做个共和民。

女革命，武艺精，肩负那快枪操练勤，步伐整齐人钦敬。联合军，攻南京，你看那女子亦从征。

它真实地描绘了女子军威武的英姿，记载了女子军的历史作用。

还有一些先进妇女，虽不甚赞成女子从军，却或筹募捐款，或担任看护，为配合民军积极效力。著名女医生张竹君即是其中突出的一例。这位以创办医院、设立女学而被誉为"女界明星"、"女界救国之伟人"的女志士，武昌起义后不久即在上海发起组织中国赤十字会，自任会长，宣布以"救护受伤之人"为宗旨。出发武汉前线前，张竹君发表"宣言"，表示"鄙人此行，生死不可知"，大有"壮士一去不复还"之气概。

从 1911 年 10 月 28 日抵达汉口，到 12 月 14 日连发高烧不退返回上海，在近两个月的时间里，张竹君冒着枪林弹雨，率领队员抢救出一批批伤病员。其间曾多次遭到清军的射击，有一次一颗子弹直从她的耳边擦过，险些丧命。但正如她说："两月以来，虽不敢谓救死扶伤，克尽厥职，但伤心惨目之事，枪林弹雨之危，可谓目击之而躬冒之。且自民军失利以后，由汉口而汉阳，由汉阳而武昌，藐躬之躯，屡濒危险，饱受困苦。而北军之残暴焚杀，灭绝人道，言之尤足使一腔热血，愤不能平。"张竹君不顾个人安危，慨然以救护伤病员为己任，同样赢得了广泛赞扬。上海《民立报》刊登的一篇《女子红十字会之可敬》文章，就热烈地写道："张竹君女士组织女子红（赤）十字会，往汉口施救受伤病队，诚中国从来未有之创举，英雄肝胆，儿女心肠，虽须眉亦莫能及。女士此举，非特有光于女界，亦且有光于祖国，有益于同胞，吾不禁为女界贺。"

张竹君率赤十字会队员赴鄂救死扶伤，还巧妙地掩护黄兴抵达汉阳指挥对清军的作战。张竹君率队出发当天，黄兴偕夫人徐宗汉自香港到上海，因沿江口岸均被清军控制，侦缉极严，徐宗汉便找张竹君商量办法。张竹君毫不犹豫让黄兴扮作赤十字会员，徐宗汉为看护，终于安然躲过了清军耳目。

女子军、女子军事团体，以及赤十字会与其他女子救济队，虽以南北"议和"而最后都宣告解散，但其英勇事迹尤其是表现出来的奋励精神却是永远不可磨灭的。正像孙中山所指出："女界多才，其入同盟会奔走国事百折不回者，已与各省志士媲美。至若勇往从戎，同仇北伐；或投身赤十字会，不辞艰险；或慷慨助饷，鼓吹舆论，振起国民精神，更彰彰在人耳目。"他还高度评价说："此次革命，女界亦与有功。"

 颇有声势的女子参政运动

随着清王朝被推翻与共和国建立，妇女界很快提出了参政权要求。一时间，"女子参政同志会"、"中华女子竞进会"、"女子同盟会"、"浙江女子策进社"、"湖南女国民会"等妇女参政团体相继出现。

先进妇女或发表文章，或组织集会，理直气壮地论说妇女获取参政权的重要和必要，指出：共和既为男女共同流血购得，共和建立后妇女自应同男子一样享有参政权；妇女享有参政权，为社会发展必然趋势，"今日不实行，必有他日，则与其留为日后之争端，不若乘此时机立完全民权之模范"；妇女获取参政权，不仅可以有效地维护妇女自身的权益，而且直接关系社会进步。妇女知识、参政能力，目前固然不及男子，但妇女得有参政权，必能"鼓舞精神"，增强责任感。有的则以《男女平权足以救国论》为题，直截了当地论述妇女参政"乃救国之良策，兴国之根本"。应当说，这些"理由"是无可非议的，也是符合历史发展潮流的。

先进妇女要求参政权，锐不可当，并表现出两个非常显著的特点。一是出现的众多参政团体，发起组织者大多为女同盟会员。二是随着斗争的不断深入，到1912年2月逐渐结合组成为以唐群英为领袖的"女子参政同盟会"，有组织、有纲领地领导妇女界在全国范围内掀起了要求参政权运动。可见，先进妇女要求政治上实现女子参政权，既是辛亥革命前争取男女平等的继续，也反映了她们对民主共和抱有热切的期望。

女子参政同盟会由女子参政同志会、女子后援会、女子尚武会、女子同盟会和湖南女国民会等团体联合组成，"以实行男女平等，实行参政"为宗旨。政纲十一条，即：实行男女权利均等；实行普及女子教育；改良家庭习惯；禁止买卖奴婢；实行一夫一妻制度；禁止无故离婚（但指以后实行自由结婚而言）；提倡女子实业；实行慈善事业；实行强迫放脚；改良女子装饰；禁止强迫卖娼。设总务、交际、政事、教育、实业、财政、审查、文事等八部，选举张汉英、林复、唐群英、王昌国、沈佩贞、徐素贞、蔡蕙、李芝分别负责，积极开展活动。

当时，先进妇女要求参政权，主要是"要求中央政府给还女子参政权"，即在法律上明文规定妇女有参政权。还在女子参政同盟会成立前，唐群英等即上书南京临时参议院，申明"女子参政为民国所必须"，要求"将女子与男子权利一律平等，明白规定于临时约法中";还特别指出:"兹幸神州光复,专制变为共和,政治革命既举于前,社会革命将踵于后,欲弭社会革命之惨剧,必先求社会之平等;欲求社会之平等,必先求男女之平权;欲求男女之平权,非先予女子以参政权不可。"但临时参议院无视先进妇女的要求,在制定的《临时约法》中虽于第五条规定"中华民国人民一律平等",但仅界定"无种族、阶级、宗教之区别",而独不称"无男女"之区别,实际上不承认女子有参政权。尽管唐群英等再次上书请求"将本国人民一语,申明系包括男女而言,另以正式公文解释宣布",同时上书孙中山,请予"斡旋",但参议院开会仍以"惟兹事体重大,非可仓促速定,应俟国会成立,再行解决,以昭慎重"为词,否决了唐群英等先进妇女的请愿。

因此,女子参政同盟会成立后,当即通电全国,指责参议院"诸议员纯以专制手段欺我同胞,意欲将二万万之聪颖黄裔,永远沉沦于黑暗世界",宣布对其所制定的《临时约法》,"决不承认"。同时发表《宣言书》,强调女子参政乃公民应有之权,万不可被剥夺,宣称:"吾党今日冲决网罗,扫除障碍,其第一步之事业,即在争此公民之地位。"为获得此政治地位,"吾党当挟雷霆万钧之力以趋之,苟有障碍吾党之进行者,即吾党之公敌,吾党当共图之!"

南京临时政府北迁后,女子参政同盟会员不顾袁世凯的极力阻止,"联袂北上",联合北方妇女界继续要求参政权。

同年8月,参议院制定参、众议员"选举法",仍剥夺妇女选举与被选举权。唐群英等认为"此乃切肤之利害"，必出死力以争之，遂与北京张寿松等以"女子联合会"名义上书参议院，明确要求制定《女子选举法》。但参议院仍以"俟国会解决"为词，答复"不能提出"。唐群英"会同女界，再三会议"，接着以女子参政同盟会名义再次上书参议院，强调指出：各种之私权、公权等，"实天赋人之原权，无论男女人人本自有之，无待他人之畀予或吝予"。但欲保障身体、家宅、财产、言论、书信、居住、信教等自由权"不被魔力破坏"，则"全恃法律上之公权"，而"尤以选举权、被选举权为主要"。《请愿书》还斥责参议院拒绝承认女子有选举权与被选举权，是"全用特殊压制剥夺其应有权利"，不仅"违背约法，蹂躏人权"，简直是"灭绝人道"，"不以女子为人"，"俨如犯罪行为者"。女子参政同盟会旋派代表王昌国等到参议院面见议长吴景濂，声明参议院的回驳系"审查会"少数人意见，"本会万难接受"，必须提交大会讨论。

与此相联系，女子参政同盟会坚决反对同盟会抛弃"男女平权"主张。当时，宋教仁等为赢得国会选举胜利，在主持同盟会改组为国民党时不惜满足某些政团要求，于政纲中取消"男女平权"条文。这对正在全力要求女子参政权的女子参政同盟会，不啻当头一棒。因而唐群英等女同盟会员"异常愤懑"，群起抗争。在 7 月 16 日同盟会改组会上，她们严正质问说："此次同盟会合并，何以不知会女会员，擅由一般男会员作主？且合并之后，何以擅将党纲中男女平权一条删去？显系蔑视女会员，独行专断。"表示对此"决不承认"。当晚又召集紧急会议，决定致电同盟会各省支部女会员，"迅筹对待办法"。8月25日，国民党召开成立大会，女会员拥入会场，再次提出抗议，唐群英盛怒之下甚至动手打了宋教仁一记耳光。会后，女子参政同盟会一面起草《驳诘同盟会传单》，在社会上广为散发；一面于9月1日召开女界联合会议，号召女界"切勿动摇"，坚持斗争，"必达到男女平权、女子参政而后已"；还专门给正在北京的孙中山写信，请孙中山给以大力支持。

与大多数国民党人的态度相反，孙中山始终"赞成女子有参政权"。当女子参政活动开始发起时，他就明确表示："中华女子有完全参政权。"但孙中山虽然热情鼓励先进妇女争取参政权，但并不认为女子参政会马上变为现实，因而"谈话"或复函通常都采用"将来"、"或能"、"事所必至"等类字眼，如说"倘能坚忍耐劳，至再至三，将来或能达此目的"。因此，孙中山收到女子参政同盟会函后立即复函，一方面表示对男女平权始终"极力鼓吹，而且率先实行"；一方面着重强调实现妇女参政绝非易事，亦"非少数人所可能挽回"，希望妇女参政团体宜着力"提倡教育，使女界知识普及，力量乃宏，然后始可与男子争权，则必能得胜也"。他还语重心长地告诫说："切勿倚赖男子代为出力，方不为所利用也。"

孙中山的复函，对几经挫折的女子同盟会实际上起了指导作用，也为当时的女子参政运动指明了奋斗方向。事实上，两日后唐群英在发表的宣言书中就说："女子参政理想上有莫大之希望，事实上未免有暂时让步"，"参政目的，此时固不能达到"。此后，女子参政同盟会一方面于 10 月 22 日在北京正式成立本部，推举唐群英为总理，继识一、王昌国为协理，继续坚持要求参政权；另一方面为提高妇女知识和增强参政意识，相继创办了《女子白话旬报》（后改称《女子白话报》）和《亚东丛报》，设立了"中央女学校"，开办了"女子工艺厂"等。此外，还相应地把活动的重心转移到各省，寻求支部发展，例如，湖南支部在唐群英和张汉英的主持下，各项活动开展得有声有色。

与女子参政同盟会同时的，还有一个大的妇女参政团体"神州女界共和协济社"。该团体推举张昭汉为社长，宣布以"联合五族女界，普及教育，研究法政，振兴实业，提倡国货，养成共和国高尚完全女国民，协助国家进步"为宗旨。设总务、教育、实业、编辑、评议等五部。较之女子参政同盟会，它虽然不主张"遽求参政"，但同样认为女子固当享有参政权，只是"数载后女子之政治知识既具，资格已备，乃可实行"。因而强调应首先谋求男女教育平等，着力提高女子参政知识和能力，以为"将来参政之预备"。为此相继创办了"女子法政学校"、《神州女报》，还专门开办了"女界蓄植实验所"，在社会上产生了相当广泛的影响。

由于女子参政运动主要不是依靠和发动广大妇女群众，而是一味采取少数人的"请愿"，加之一开始就受到封建守旧势力的极力诋毁和袁世凯北洋政府的多方破坏，注定了它不可避免失败的命运。到 1913 年 11 月 13 日，袁世凯终于责令内务部以"法律无允许明文"的"罪名"，下令解散女子参政同盟会。此后除湖南等省外，全国性的女子参政运动基本上停止了。

但是，唐群英所领导的女子参政同盟会掀起的具有相当规模和声势的女子参政运动，不仅在中国近代妇女运动史上书写了光彩的一页，对当时妇女的思想解放产生了强烈的震醒作用，而且为以后的世界妇女解放运动提供了丰富的实践经验。当时来我国访问的"万国女子参政会"会长、美国嘉德夫人就赞赏地说："以中国女界程度之高尚，性情之诚挚，为欧美人佩服，将来女子参政之成就，必以中华为最完美。"

三 五四运动揭新篇

 妇女解放新思潮

辛亥革命虽然推翻了封建专制，先进妇女对封建礼教发起了猛烈冲击，但数千年来相沿成习的一整套歧视和压迫妇女的封建制度和传统，依然根深蒂固。

袁世凯为了实现其复辟帝制的美梦，更掀起了尊孔复古的逆流。北洋政府在《天坛宪法草案》中公然规定"国民教育以孔子之道为修身大本"，从而为孔孟之道及"三纲五常"、"三从四德"等封建伦理进一步披上了宪法的外衣。1917年11月，直系军阀首领、副总统冯国璋在所颁布的《修正褒扬条例》中，将"妇女节烈贞操可以风世者"列为"褒扬"的九种行为之一，以法律的形式要求已婚丧夫或未嫁而丧未婚夫的女子或守节，或殉夫，恪守封建"妇道"。

为反对尊孔复古逆流，一些勇于探索救国救民真理的资产阶级、小资产阶级激进民主主义者，勇敢地发起了新文化运动。1915年9月，陈独秀在上海创刊《青年杂志》，标志着新文化运动的开始。

　　猛烈抨击"三纲五常"、"三从四德"等封建主义伦理说教，大力提倡妇女个性解放，是新文化运动的重要内容之一。《青年杂志》（从第 2 卷起改名为《新青年》）从第 1 卷起，就开始登载有关妇女解放以及欧美各国妇女参政问题的文章。从第 2 卷起，还专门开辟了《妇女问题》专栏，连续发表文章，热烈讨论男女平等、婚姻自由、女子教育、女子参政、女子经济独立等问题。陈独秀、李大钊、鲁迅、胡适、吴虞等高举民主与科学的大旗，对封建主义的纲常伦理、名教观念大加讨伐。

　　从《青年杂志》创刊，到 1917 年 8 月，在不到两年的时间里，陈独秀发表了 25 篇抨击封建专制主义纲常名教的文章。陈独秀认为，妇女解放，与政治、经济、宗教的解放有着同等重要的意义。他强调指出：近代人类解放的历史，就是要"破坏君权，求政治之解放也；否认教权，求宗教之解放也；均产说兴，求经济之解放也；女子参政运动，求男权之解放也"。他猛烈抨击"三纲"为封建主义"一切道德政治的大源"，"率天下之男女，为臣、为子、为妻，而不见有一独立自主之人者，三纲之说为之也！"因此，要"恢复独立自主之人格"，就一定要破除以"三纲"为核心的封建主义禁条，也只有破除了以"三纲"为核心的封建主义禁条，妇女的解放才有可能真正得到起步。

　　在《孔子之道与现代生活》一文中，陈独秀列举现代资本主义国家政治生活、社会生活中的实例，对比说明孔子提倡"妇人者，伏于人也"，以及"内言不出闺"、"女不言外"等等，根本不合于妇女参政运动；孔子提倡"男女不杂座"，"男女非有行媒，不相知名；非受币，不交不亲"，根本不合于现代文明社会男女社交公开；孔子提倡"夫死不嫁"，致使原本富有生命活力的妇女，"身体精神俱呈异态"，根本不合于现代文明社会婚姻自由的原则。所以，不从根本上破除"孔子之道"的束缚，就无法步入"现代生活"，也就不可能实现妇女自身的自由和解放。

李大钊从中国社会的实际状况出发，较早地对资产阶级的民主政治产生怀疑，清醒地认为西方资产阶级国家的一套民主政治在中国行不通。当他从一个激进的民主主义者转变为初步具有共产主义思想的马克思主义者后，不仅成为中国最早传播马克思主义的杰出代表，同时成为倡导中国妇女自觉掀起解放运动的先驱者。

李大钊认为，歧视压迫妇女，把占人口半数的妇女排斥在社会生活之外，既违背现代民主精神，也使社会患了"半身不遂"之症，极盼中国不要再成为"半身不遂"的社会。正是出于这种救国热忱，他发表了大量关于妇女解放的言论，大声疾呼全社会都要关心和重视妇女问题。在《战后之妇人问题》一文中，李大钊说："现代民主主义的精神，就是令凡在一个共同生活组织中的人，无论他是什么种族、什么属性（指性别）、什么阶级、什么地域，都能在政治上、社会上、经济上、教育上得一个均等的机会，去发展他们的个性，享有他们的权利。妇人参政的运动，也是本着这种精神起的。"

李大钊显然认识到，政治的解放，是妇女彻底解放的前提；民主权力的获得，是妇女独立人格的基石。而妇女的解放，又是整个社会民主制度能否建立起来的重要环节之一。1919 年 10 月，李大钊在《少年中国》发表《妇女解放与 Democracy》一文，进一步指出："妇女解放与 Democracy（民主）很有关系，有了妇女解放，真正的 Democracy 才能实现，没有妇女解放的 Democracy，断不是真正的 Democracy，我们若是要求真正的 Democracy，必须要求妇女解放。"

李大钊把妇女解放运动看做是整个无产阶级解放运动必然的重要组成部分，号召广大劳动妇女真正认识到，只有投身于阶级斗争的行列，与自己的阶级兄弟并肩战斗，才能"打破那男子专断的社会制度"，"打破那有产阶级（包括男女）专断的社会制度"，在无产阶级的解放中获得自身的解放。李大钊还鲜明地提出，俄国妇女解放的道路，就是中国妇女实现解放的正确道路。

鲁迅是新文化运动的勇猛闯将。他的早期作品《狂人日记》、《我之节烈观》、《我们怎样做父亲》等，以满腔的激愤、无比犀利的笔锋，深刻地揭露了封建礼教吃人的罪恶及其对妇女儿童的残酷迫害。

在鼓吹、宣传"妇女解放新思潮"中，《妇女杂志》占有特殊的地位。《妇女杂志》是五四时期最早的妇女刊物之一，1915 年 1 月 5 日创刊于上海，由商务印书馆出版，每月一册。它原来比较保守，1919 年茅盾担任主编后，很快成为当时宣传妇女解放的重要喉舌，茅盾、邵飘萍等一批新文化运动战士，利用这块阵地发表了大量关于妇女解放问题的文章，影响颇大。例如，茅盾在文章中特别号召知识妇女要把眼光放到劳动妇女方面，与无产阶级妇女联合起来，与无产阶级男子联合起来，共同奋斗。

以陈独秀、李大钊为主要倡导者的妇女解放新思潮，宛如一股强劲的东风，奏响了现代妇女解放运动的进军号。

 "投袂而起"

新文化运动高举"民主"与"科学"大旗，大力倡导男女平等，极大地鼓舞了妇女争取独立人格、追求自身解放的斗争勇气。五四反帝爱国运动的感召，又使她们义无反顾地投入爱国运动的洪流。

1919 年 5 月 4 日前夕，北京大学为联合女学生一致行动，曾派代表前往北京女子高等师范学校联络。北京女子高等师范学校是全国女子教育的最高学府，但校方却严守"男女授受不亲"的封建信条，让男女学生代表分坐在礼堂的两个对角，由学监来回传话，致使秘密联络无法进行，女高师学生也未能参加 5 月 4 日的游行。

但是，女学生的爱国激情终究压抑不住。4 日晚，女高师一些学生即冲出校门，到新华门要求和被捕男学生一起坐牢。5 月 7 日，由女高师发起，联络协和女子大学、协和女医校、尚义师范、第一女中等十几所女校集会，成立了北京女学界联合会，女高师学生陶玄被推为会长。随后联名致电巴黎和会各国代表，要求巴黎和会在中国青岛问题上"申公理，抑强权"；又发表《告全国女界书》，呼吁全国妇女同胞"勿甘落后，奋起救国"，"群策群力，以济难关"。

针对北洋政府逮捕870多名上街演讲的学生，将他们分押在北大法科和理科校舍的暴虐行径，北京15所女校决定于6月4日到总统府请愿。女高师校长方还为阻止学生的爱国行动，下令紧锁校门，并斥责学生外出游行是"伤风败俗，不守本分"。女学生们毫不理会，愤怒冲向后门，一涌而出，准时赶到集合地点。当时《晨报》记者曾报道这次游行说："虽然大风吹土，对面不能见人"，但1000多人的队伍"步武却一点不乱"。

在新华门前，女校学生推选钱中慧等为代表，向北洋政府提出三点要求，即：大学不能作监狱；不能虐待学生；军警不得干涉爱国学生的演讲。

女高师校长方还阻拦学生游行未成，于是迁怒于国文科主任陈中凡和图画科主任吕凤子，指责他们平日对学生管束不严。陈、吕愤然辞职。为抗议校方的专横行径，学生自治会宣布全校无限期罢课，并将方还平时压制学生的言谈举动列为"十大罪状"，印成传单，广为散发，取得了社会舆论的广泛支持。在李大钊的支持下，"驱方运动"取得了胜利，方还于6月30日不得不提出辞职。

上海女校不仅开办较早，数量多，女学生思想也较内地学生开化。因此，五四运动中，上海女界异常活跃。5月7日，上海民众2万余人召开国民大会，神州女学、民生女学和中国女子体操学校百余名女生参加。5月11日，上海学生联合会成立，12所女校参加，并有3名女教师和8名女学生直接担任了学联的组织工作。随后，各女校又成立了学联分会。女师生参加学联工作，不仅在思想上而且从组织上打破了男女有别的界限。

在学联的统一领导下，女学生与全市学生一致行动，罢课、演讲、游行，从不甘落后。5月26日，为抗议北洋政府卖国行径，上海52所学校2.5万名学生举行总罢课，14所女校的学生和男校学生一起举行宣誓典礼，一道列队游行。次日的《申报》报道说：女学生"步伐整齐，精神严肃，绝无凌乱之状"，"夹道观者，无不为之兴奋"。5月27日，上海学联决定31日组织82所学校2万余名学生追悼在五四游行中受伤牺牲的北大学生郭钦光。中西女塾、清心女校等14所女校学生承担了赶制白布帽的任务。女学生们夜以继日，在3天时间内，赶制好了2万顶白布帽。追悼大会上，2万余名与会者清一色的白布帽，如雪似霜，白压压一望无际，使大会更添几多悲壮、几多哀惋！对女学生的爱国行动，上海舆论界极为称赞。《时报》曾发表题为《男女一同做事》的文章，赞许说："受过教育的男女同在一块做事，是只有好处，没有坏处的"，"假使能把男女的界限渐渐的化除，各尽各的责任，那就是我国的进步"。可见，上海女学生与男同学并肩战斗，不仅推动了反帝爱国运动的深入发展，而且开创了新的社会风气。

与女学生的爱国活动相呼应，上海一些上层知识妇女也满怀爱国之心纷纷组织救国团体。当时，上海有两个由上层知识女性发起组织的著名妇女团体，一个是"上海女界联合会"，另一个是"中华女子救国团"。上海女界联合会的副会长为博文女校校长李果，骨干人物有黄宗汉、程孝福等。中华女子救国团团长是勤业女师校长朱剑霞。这些团体的主要活动是组织女学生进行爱国宣传，抵制日货，兴办平民教育等。李果等还直接投身爱国斗争。5月15日，上海召开国民大会欢迎京津学生代表，在讲演过程中，学生阮勤当场咬破手指，血书"决心"二字，李果随即登台发表演讲，呼吁全国同胞奋起"以颈血争回国权"。由于到处奔走，劳累过度，在一次演讲中又受了风寒，李果不幸身染肺病，于1920年1月26日去世，用生命实践了她"以颈血争回国权"的誓言。李果病逝后，上海各界人民为她举行了隆重的追悼会，称赞她是妇女界的"指导良师，互助益友"。李果不愧为上海和全国先进妇女的优秀代表。

天津是当时中国的第二大商埠，既与北京近在咫尺，又与山东为邻，利害关系密切。因此，五四运动一爆发，天津人民迅即响应。以直隶第一女子师范学校为核心的天津妇女界表现尤为突出。

5月5日，即北京学生上街游行的第二天，直隶第一女子师范学校家事专修科学生郭隆真利用上晚自习机会，倡议将女师学生组织起来，声援北京学生的爱国行动。邓文淑（即邓颖超，当时名邓文淑）、张若名等立即响应。她们当即召集各班级长和积极分子商议，决定第二天在全校同学代表会上提出成立妇女爱国团体。

5 月 25 日，天津女界爱国同志会正式成立。该会简章规定，"本会以提倡国货并唤起女界之爱国心为宗旨"，是一个以女学生为主体，包括女教师、女职员、宗教团体的妇女及一部分思想开通的家庭妇女在内的，比较广泛的妇女群众团体，成立时有会员 600 多人。原女师毕业生刘清扬被推选为会长，女师附小教员李毅韬为副会长，郭隆真、邓文淑为讲演队长。

天津女界爱国同志会成立后，一面积极发展会员，一面领导女学生和爱国妇女进行演讲和抵制日货等活动，并坚持与北洋军阀政府进行不屈不挠的斗争。6 月 5 日，女界爱国同志会为声援北京被捕学生，组织直隶第一女子师范学校和中西女校全体学生到教育局、省公署请愿，向直隶省省长曹锐提出三项要求，即：通电北京释放被捕学生；不得干预学生爱国讲演及卖国货；提倡国货，抵制日货。为了达到预定目的，女学生顶着烈日，从下午 1 点一直站到 7 点，直到曹锐完全答应了三项要求才返回学校。

6 月 18 日，天津各界联合会在总商会召开成立大会，刘清扬作为女界代表出席。23 日，各界联合会召开修改章程、选举职员大会，邓文淑、蒋云被推选为交际科干事，张若名被选为庶务科干事，王天麟被推选为演讲科干事。这些女界代表，很快成为天津地区五四运动中的活跃人物。

1919年"双十节"，天津各界联合会、天津女界爱国同志会在天津学联决定开展一次广泛的爱国宣传活动。但警察厅长杨以德以维护地方秩序为名，下令不准开会，并派军警疯狂镇压。男女学生和女界爱国同志会的会员包围了警察厅，强烈要求杨以德取消禁令，一直坚持到次日清晨，终于迫使这个以专横武断闻名的警察厅长收回成命。

在天津，一些家庭妇女也满腔热忱地加入了救亡运动。有位叫李孟氏的妇女为了在救亡运动中尽一份力，用典当衣物的钱印制了题为《一得之愚》的传单。传单里说，山东的青岛马上就要归日本了，国家眼看就要灭亡了，我们如果像朝鲜那样，变成亡国的人，真叫人伤心落泪，撕肝裂肺哪！只有"维持国货，国家发达，子孙可以享福"。传单最后呼吁说："最亲最爱可敬可畏之同胞乎！大难将临，以上的话都是免难的法子，千万莫忘，千万莫忘！并希望见了这个传单之后阅毕就交给别人去看。"李孟氏"典衣刊布传单"的事迹，生动地表现了广大中国妇女的伟大爱国精神。

像北京、上海、天津等大城市一样，五四运动时期，全国几乎所有大中城市都兴起了妇女爱国运动。如山东济南，四川的成都、重庆，湖南长沙，江苏南京，河南开封，安徽的安庆、芜湖等城市，都掀起了颇有声势的妇女爱国活动。"国家兴亡，匹夫有责，女子亦有责"，成为一代先进妇女的共同心声。济南女学生在悼念郭钦光烈士的挽联中愤慨地写道："痛烈士已死，恨国贼还生"，"宁以义死，不苟幸存！"重庆各女校组成川东女子救国会，致电北洋政府："密约不废，青岛不还，国权丧失，万劫不复。吾等虽属女界，同为国民一分子，一致誓死否认。"这些铮铮誓言，典型地反映了五四时期知识女性，以火一般的激情投入拯救祖国的伟大斗争，来实现自我解放的时代使命感。

3 中国共产党为妇女解放指明
正确方向

1921 年 7 月，伟大的中国共产党诞生。这是中国历史上开天辟地的大事，从此中国革命翻开崭新的一页，妇女解放运动也有了新的领导力量。

中国共产党建立之初，尚处于秘密状态，加之党员人数少，经费困难，未能立即建立妇女组织。为了尽快推进妇女运动的发展，1921 年 8 月，中国共产党首先帮助上海颇有影响的中华女界联合会进行改组，并在党的机关刊物《新青年》9 卷 5 号上，刊登了中华女界联合会的改造宣言及章程。同年 11 月，由陈独秀签发的《中国共产党中央局通告——关于建立与发展党、团工会组织及宣传工作等》的文件中，明确指示各区"切实注意"妇女运动，并要求遵照女界联合会改造宣言及其章程"从速进行"。

1922 年 7 月，中共二大通过了党的第一个《关于妇女运动的决议》。它是中国妇女运动史上，第一个以政党的名义通过的关于妇女运动的决议，充分显示了中国共产党对妇女解放问题的重视。

《决议》根据苏联十月革命胜利的实践和马克思主义的基本原理，对中国近代以来的妇女运动进行了总结，指出：俄国妇女在十月革命后获得解放的历史事实说明，"妇女解放是要伴着劳动者解放进行的，只有无产阶级获得了政权，妇女们才能得到真正解放"。从而澄清了与资产阶级女权运动的理论界限，为妇女解放指明了正确方向。

《决议》还根据中国沦为半殖民地半封建社会，无产阶级及半无产阶级妇女的悲惨处境，明确中国共产党领导妇女运动的任务主要是："努力保护女劳动者的利益"，"保护女工和童工的利益"。同时鉴于中国妇女"都还拘囚在封建的礼教束缚之中"，"得不着政治上、经济上、教育上的权利"，因此要"为所有被压迫的妇女们的利益而奋斗"，"帮助妇女们获得普通选举权及一切政治上的权利及自由"。《决议》还深刻地指出：完成上述任务，不过是"达到完全解放目的必须经过的站驿，在私有财产制度之下，妇女真正的解放是不可能"的。《决议》明确地指出了妇女解放运动现阶段的具体任务及总的奋斗目标，即最终通过消灭私有制，建立公有制基础上的社会主义制度，才能实现妇女的彻底解放。

中国共产党不仅在创立时期为妇女运动指明了正确方向，而且从一开始就十分重视在实践中领导和推进妇女解放运动。

实际上，早在共产主义小组时期，党的缔造者就开始做妇女运动的工作了。上海共产主义小组1921年在渔阳里六号举行了三八妇女节纪念活动，陈独秀的妻子高君曼作了演讲。北京、武汉等地的共产主义小组，也有类似的活动。

党成立不久的1921年冬天，由共产党人亲自创办和主持的一所新型的妇女学校——上海平民女校正式诞生。该校以培养妇运人才，开展妇女工作为目的，其学员大部分是受五四运动影响，渴望探求革命真理，立志从事妇女解放运动的女青年，如丁玲、王一知、王剑虹等。李达任校长，教师几乎全部由党的早期活动家担任。邵力子、陈望道、李达、陈独秀等亲自担任高级班教师。张太雷、刘少奇、恽代英等也经常到女校作报告。

在创办女校培养妇女人才的同时，中国共产党还通过多种途径创办妇女刊物。1921年12月，上海党组织以中华女界联合会名义，创办《妇女声》半月刊，主持人为李达。《妇女声》高举"妇女解放"的旗帜，公开宣传科学社会主义理论。它庄严宣告："妇女解放即是劳动者的解放"，只有"打破一切掠夺和压迫"制度，才能取得"自由社会的生存权和劳动权"。1922年4月，当上海浦东日华纱厂3000女工在工会领导下举行罢工时，《妇女声》以极大的热情予以支持，并向女工宣传说："工会是你们团结的中心点"，"是你们的命脉"，"资本家最怕的，就是工人的工会"，鼓励女工团结一致，斗争到底。它还呼吁各阶层妇女"要用极诚恳、极热烈的精神，帮助伊们的这种运动"。《妇女声》于1922年6月停刊后，上海《民国日报》副刊《妇女周报》继而成为党领导妇女运动的主要喉舌。《民国日报》主编邵力子是中国共产党的早期党员，向警予任《妇女周报》的编委，在他们的积极配合下，《妇女周报》办得有声有色。1923年《妇女周报》发表数十篇关于女工罢工斗争的文章，仅向警予一个人就写了6篇。她高度赞扬中国共产党领导下的女工运动，并称其为"妇女解放的先锋"、"反抗外国掠夺者的国民革命之前卫"。

1922～1923年，在中国共产党的领导和推动下，出现了中国工人第一次罢工高潮。1922年一年中，各大城市30余万工人先后举行了100次以上的罢工，仅上海、湖北、广东等地60余家工厂3万余名女工就先后举行了18次罢工。其中较为著名的有：1922年4月，上海日华纱厂3800名男女工人（其中女工3000人）为要求增加工资举行罢工。在工会的组织领导下，罢工坚持近10天，取得了胜利。1922年8月，上海44家丝厂近2万名女工举行同盟罢工，要求允许成立工人组织，减少工时，增加工资。1922年10月，武汉英美烟草公司香烟厂男女工人3000余人举行罢工，要求改善工人生活待遇、保护女工和童工。罢工坚持一周，取得完全胜利。

中国共产党建立时期，还十分注重培养女党员。1921年7月以前，中共只有北京女子师范大学学生缪伯英和赴法勤工俭学的刘清扬两名女党员。1922年10

月，党创办上海大学，培养发展了张琴秋、杨之华、钟复光、赵君陶等女青年。同一时期，毛泽东在湖南创办自修大学，培养了杨开慧、毛泽建、何宝珍等进步女青年；董必武、陈潭秋在武汉培养了徐全直、夏之栩、李文宜、杨子烈等女党员。郭隆真、蔡畅也在法国加入了中国共产党。到 1923 年中共三大召开时，大约有女党员 20 名。她们后来都成为妇女解放运动的精英和中坚。

四 大革命中掀高潮

 ## "在国际妇女日的意义下
团结起来"

国共合作实现后，1924 年 3 月 8 日，中国妇女首次举起"三八"这面反压迫反歧视的旗帜，公开举行纪念三八国际妇女节的活动。这次公开纪念三八国际妇女节的活动，虽然距 1910 年 3 月，在丹麦首都哥本哈根召开的第二次国际社会主义妇女代表大会将 3 月 8 日确定为国际妇女节，已过去了 14 个年头，但是，这在当时是具有十分重要的现实意义的。

1924 年中国妇女界首次举行的三八妇女节纪念活动，其规模和影响最大的是广州地区。广州的纪念活动由国民党中央妇女部发起。3 月 5 日，该部在广州《民国日报》上刊登"启事"指出："三月八日为国际妇女日，全世界妇女咸于是日举行大团结示威运动。中国妇女界久受压迫，在此日自当应声而起，以图解放。广州妇女界在此日应有所表示，以警醒妇女群众，使同趋于联合奋斗之一途。"

3月5日下午，广州各女校及女界团体代表数百人，在执信学校大礼堂召开了三八节筹备会。国民党中央妇女部负责宣传工作的何香凝主持了筹备会。会议商定了游行的办法、时间及路线，并决定3月7日派12人在广州市内乘汽车散发传单，以便取得市民的理解和支持。为了保证女学生届时能够参加大会，妇女部请省教育厅向所属学校发出通知，并通知市内军警保护。

3月8日上午10时，执信学校、高等师范、图强学校、法政学校、市政学校、女子职业传习所、保姆学校、女司机补习班等20余所学校的女学生，以及女界联合会等妇女团体的成员约千余人，齐集广州第一公园，何香凝和曾醒先后发表了演说，号召广大妇女同胞起来，积极参加打倒帝国主义、封建主义的国民革命，争取民族与妇女自身的解放。

纪念大会根据国共两党的共同主张，提出"打倒外国帝国主义"、"解放中国殖民地地位"、"解放妇女所受资本制度的压迫"、"要求妇女劳动权、平等教育权、平等工价权、女子参政权"、"排除纳妾及一夫多妻制度"、"要求女工保护、生育保护、儿童保护立法"、"禁止蓄婢"、"革除童养媳制度"、"废除娼妓制度"、"排除买卖女子为婢的习惯"、"八小时工作"等口号。由于这些口号与广大妇女群众的切身利益相关联，所以得到了各界妇女的热烈回应。

纪念仪式结束后，宣布游行开始。浩浩荡荡的游行队伍从广州第一公园正门出发，沿市内主要街道行进，最后返回第一公园。与游行队伍同时行进的，还有各女校学生乘坐的 10 余辆汽车，车上高竖各种旗帜。女学生沿途向群众散发传单，进行演讲。市民或争相传阅传单，或听女学生演讲，到处一片妇女解放的口号声。

在国民党中央妇女部组织纪念集会和游行的同时，广东女权运动同盟会也组织了纪念活动，上街散发传单，进行演讲。

此外，上海丝纱女工协会也举行了纪念活动，由王奠世详细介绍了三八节的来历及国际妇女运动的历史，女工代表王根英、陈凤英相继登台演讲。

中国妇女第一次举行三八国际劳动妇女节纪念活动，其规模虽然不大，但是，开天辟地第一次公开庆祝自己的节日，并具体地、响亮地提出了反帝反封建和妇女解放的口号，着力宣传团结广大妇女为谋求自身解放而斗争，表明中国妇女运动已成为民主革命运动的一个重要组成部分。

随着国民革命的深入，在国民会议运动的高潮中，中国妇女于 1925 年三八节，再次举行了纪念自己节日的活动。

1925 年三八国际劳动妇女节纪念活动，是由这年 2 月 28 日才成立的北京妇女国民会议促成会首先发起的。她们联络北京 20 多个妇女团体及参加国民会议促成会全国代表大会的女代表，发表《中国女界代表为发起国际妇女节纪念会告女同胞书》，号召北京各界妇女一致起来纪念这一光辉节日，并提出"在国际妇女日的意义下团结起来"的响亮口号，促进了妇女解放运动的深入开展。

1925年3月8日下午，北京太平湖民国大学礼堂内外，彩旗招展，人语喧阗。彩绸扎成的"国际劳动妇女节大会"会标光辉显眼；讲台上高悬的"国际劳动妇女节万岁"的横幅，尤为引人注目。会场四周贴满了"争回人权"、"争回人格"、"同等教育"、"同等工值"等标语。主题鲜明，气氛热烈。到会的妇女代表、中外来宾、新闻记者共1200人，可谓盛况空前。大会主席刘清扬在开幕词中强调：现在我们妇女同胞最紧迫、最重要的任务，就是反对善后会议拟定的《国民代表会议组织条例草案》，力争妇女参政权。共产国际驻中国代表鲍罗廷的夫人及中共北方区委书记、国民党北京执行部总干事李大钊等发表了演说。纪念仪式结束后，举行了声势浩大的示威游行。妇女为了自身的解放结队走上街头示威游行，在古老的北京还是第一次。

这次纪念活动虽然是在北京举行的，但有各省妇女代表参加，所以其影响已"及于全国"。无论从规模、声势及影响看，这次纪念活动比1924年广州的纪念活动都大得多，充分显示了妇女运动在国民革命大潮的涌动下，一浪高过一浪的发展势头。

在北京举行纪念活动的同时，天津女界国民会议促成会也召集了由女学生、女教师、家庭妇女参加的隆重的纪念会。邓颖超特意从广州赶回天津参加纪念活动，并发表了鼓舞人心的演讲。邓颖超热情呼唤全国妇女同胞行动起来，一道参加国民革命运动，给帝国主义、军阀"一个总攻击"，以实现中华民族与妇女自身的大解放。

女界国民会议促成会

1924 年 10 月，直系将领冯玉祥发动北京政变，推倒了曹锟、吴佩孚控制的北京政府，将所部改为国民军，电邀孙中山北上"共商国是"。孙中山离粤北上时发表宣言，号召召开由各社会团体代表参加的国民会议预备会，然后召开国民会议，"以谋中国之统一与建设"，废除不平等条约。但掌握临时政府大权的段祺瑞却企图召开"善后会议"解决"时局纠纷"。中国共产党当即揭穿了"善后会议"的反动本质，号召全国人民一致起来反对，并在各地发起组织国民会议促成会。全国各地人民团体纷纷通电拥护中国共产党和孙中山的主张，掀起了国民会议运动的高潮。

上海妇女首先起而响应。12 月 21 日，由向警予主持的上海妇女运动委员会带头发起组织的上海女界国民会议促成会正式成立。刘清扬、向警予、杨之华、钟复光、张琴秋在第一次委员会上被推为执行委员。向警予在成立大会上讲话说，成立上海女界国民会议促成会的目的，一方面是为了促成国民会议的召开，另一方面是要求国民会议应有妇女团体参加，以便在国民会议上提出妇女本身的要求。1925 年 1 月，上海女界国民会议促成会再次发表宣言，提出 13 条具体要求，即：男女社会地位平等；女子应有财产权和继承权；女子应有结婚自由权；男女教育平等；一切职业为女子开放；女子应有参政权；男女工资平等；保护母性；废除娼妓制度；禁止蓄婢纳妾；禁止溺女；禁止缠足；凡有碍女权之法律，一概废除，另订男女平权并有助于女权发展的法律和宪法。

上海女界国民会议促成会成立后，在广泛吸收会员的同时，还积极开展多种多样的宣传活动。例如，1925 年元旦期间，向警予亲自带领上海女界国民会议促成会的会员到西门、闸北、虹口、提篮桥等处进行宣传。当时天气严寒，雪花纷飞。但会员们举着红旗，顶风冒雪，分头进行演讲。来往行人被她们的热情打动，纷纷在雪中驻足聆听，还不时报以热烈的掌声。上海《民国日报》评价说："中国知识妇女有组织的向民众宣传，不能不以十四年元旦为纪元。"

1924 年 12 月 24 日，广东女界国民会议促成会召开第二次会议。在国民党中央妇女部负责宣传工作的何香凝亲任主席。会议一致通过致孙中山电，要求在参加国民会议的 9 个团体之外，另增加妇女团体。

12 月 31 日，天津女界国民会议促成会在南开女子中学礼堂宣告成立。邓颖超为主席。大会通过的宣言指出：在封建军阀统治下，妇女仍然是奴隶，是货品，而不是"人"。妇女同胞们要做一个"人"，必须痛痛快快做一番"人"的运动。宣言表示拥护孙中山提倡的把政权交还民众组成的国民会议的主张，并明确提出国民会议要"容纳妇女团体代表参加"的要求。

1925 年 1 月，中共四大通过《妇女运动之决议案》，对"最近一月"各地的女界国民会议促成会的组织及活动给以充分肯定，进而强调："我们应勿失时机地利用现在已成立的和应向各地推广的妇女国民会议促成会以进行妇女的独立组织并图达到全国的妇女组织之目的。"

在中共四大精神鼓舞下，温州、江西、河南、山东、北京、汉口等地也相继成立了女界国民会议促成会。各地女界国民会议促成会的成立，对全国的国民会议运动起了很大的推进作用。

1925 年 3 月 1 日，国民会议促成会全国代表大会在北京召开。出席会议的 200 余名代表中，妇女代表 26 人，她们是：刘清扬、钟复光、李剑秋（上海）、邓颖超（天津），夏之栩、石道瑺、张锡瑗、皮以书、刘巨全、李鸿高（北京），曾醒（广东），刘亚雄（山西），丁秀君、雷兴致、惠民、高晶奇、高瑞玉（四川），王世美、高尉（河南），张锡瑞、李沛泽、王绍华（保定），黄文霞、周自强（杭州），石道（湖南），戴宾（温州）。大会将妇女问题列入议事日程，并设立妇女问题小组，负责向大会提出关于全国妇女运动的报告。

这次大会通过了《妇女运动决议案》，并在大会报告中将"妇女问题"专门列为一项内容，不仅表示完全采纳妇女团体代表参与国民会议的要求，而且提出"妇女在政治上、经济上、法律、教育、职业上绝对与男子享受同等权利"等 8 条有关男女平等、保护妇女的主张。这是妇女问题第一次被提到全国性的人民代表的集会上进行讨论。

3月中旬，向警予致电在北京参加国民会议促成会全国代表大会的上海代表刘清扬等人，要求她们同各省代表联络，促成全国各界妇女大联合。各省代表一致认为当时正是"唤起妇女之觉悟，谋妇女根本解放"的极好时机，当即决定着手筹备成立全国性的妇女组织。

4月29日，全国各界妇女联合会在北京米市大街青年会礼堂召开成立大会，设执行委员会为最高机关，刘清扬、戴宾被选为总务常驻办事。会议号召各地妇女团体加入全国各界妇女联合会，为谋取妇女同胞的彻底解放而进行有组织的斗争。由于中国共产党领导的五卅运动爆发，各地妇女积极忙于实际斗争，除上海、保定、天津外，各地成立分会的工作未能展开。全国各界妇女联合会没能真正形成全国性的妇女组织。

不过，国民会议运动中女界国民会议促成会的成立及其活动，使中国妇女运动开始在同一目标、同一策略下有计划地进行，成为大革命时期妇女运动高潮的序曲。

 投身五卅风暴

1925年5月30日，上海发生了震惊中外的五卅惨案。无比愤怒的上海人民，31日在南京路上举行大规模的反帝游行示威。上海女界国民会议促成会领导人向警予亲自带领妇女上街宣传演讲，谴责帝国主义的残暴行径。

向警予是妇女运动的杰出领袖，为了唤起女工的觉悟，使她们认清资本家的剥削本质，自觉起来参加革命斗争，向警予动员许多女工参加了共产党举办的平民学校，学习文化知识与革命道理。为了便于开展女工工作，她还努力改变湖南口音，抓紧一切机会练习演说。她的演说激情奔放，很富有感染力，常使听讲的人时而惨然神伤，时而热血沸腾。向警予常到女工家里去访问，女工们见了她，就像见到了亲姐妹一样，竞相向她倾谈心曲。向警予不但自己深入女工生活，还鼓励知识妇女到女工农妇中去。她经常到上海大学的女生宿舍去和女同学们讨论时事政治，引导她们到女工中去，发动女工，锻炼自己，同劳动妇女打成一片。许多进步的女同学，都在向警予的教诲和影响下，开始步入社会，走上了革命的道路。当时在上海大学学习的杨之华、王亚璋、王一知、张琴秋，就是其中的杰出代表。

杨之华在上海大学社会系学习期间，积极参加政治活动，对妇女运动尤为热心。她不仅坚持给上海大学工人夜校办的妇女特别班讲课，还经常穿着女工的衣服和布鞋，深入到女工多的工厂中去。上海的老怡和纱厂、东方纱厂、大康纱厂、班达蛋厂、公大纱厂、同兴纱厂、厚生纱厂、日华纱厂、英美烟厂、协成丝厂等，都留下她活动的足迹。她关心女工的疾苦，倾听女工的心声，教她们学文化、唱《国际歌》，和广大女工建立了深厚的阶级感情。杨之华的组织才能也极出色。1925年2月，上海内外棉厂工人举行大罢工，在她的动员和组织下，女工们很快组成10个纠察队，与男工组成的纠察队并肩战斗，使整个罢工显得既有力度，又有节奏和秩序。杨之华的工作方法灵活多样，卓有成效。她有时到工人家里去访问，有时在厂门口等女工下工后在路上找女工谈话。为了逃避租界巡捕和便衣警察的搜查，她还常常约女工在玉佛寺或财神庙门口见面，装作香客，坐在庙门旁的石凳上交谈。这里香火旺盛，极容易避开敌人的耳目。杨之华甚至有意结交了几个尼姑朋友，以掩护其革命活动。

在向警予、杨之华的带动下，五卅运动前夕，已有一大批共产党员深入到上海的女工中，传播革命道理，发动革命斗争。所以，五卅惨案一发生，上海女工便立即站在了斗争的第一线。当时上海有日本纱厂40多家，近6万名中国工人中，女工大约占90%。她们是日本资本家剥削的主要对象，受压迫最深，斗争的积极性也最高。6月1日，上海实现全市总罢工，参加者仅纱厂、烟厂就有53家，14.2万工人，其中绝大多数是女工。当时，党指派杨之华负责浦东地区的工作，她深入纺织厂、烟厂，发动女工参加斗争，并多次在示威游行中发表演讲。老怡和纱厂女工王根英，带领女工上街游行，被捕获释后，继续带领工人参加斗争。商务印书馆装订车间女工陆定华，带领10余名女工，横躺在南京路电车轨道上，阻止1路电车行驶。

她们为了民族的尊严，取得罢工胜利，不惜以自己的血肉之躯奋力抗争。

知识妇女在五卅运动中的表现也异常活跃。上海知识妇女张惠如等率先发起组织了五卅国货社，积极推销国货，坚决抵制洋货。女学生在上海市学联组织下，积极参加全市反帝斗争，或散发传单，或讲演，或募捐，每天从早上五六点直忙到晚上九十点。有的女生与男同学一起被捕入狱，在狱中依然不屈地高呼"打倒帝国主义，废除不平等条约"等口号。有些女大学生还踊跃参加全国学联组织的赴外埠宣传和募捐队。上海大学女生钟复光参加长江演讲队，先后到南京、九江、武汉、沙市、宜昌和重庆等地演讲，常常一天数场。由于过度劳累，她在安庆病倒吐血，但稍事休息又开始了新的征程。

为了使总商会同意罢市，5月30日晚，上海总工会代表李立三、上海学联代表林钧与上海各马路商界联合会的代表一同去总商会谈判。许多女学生和女工包围了总商会，不断振臂高呼："不宣布罢市，我们不回家！"将总商会包围了一天一夜，直到31日下午，总商会副会长方椒伯才在罢市公告上签了字，同意罢市。

为了进一步发动广大妇女投身反帝斗争，由上海女界国民会议促成会改组而成的上海各界妇女联合会，6月5日在勤业女子师范学校召开成立大会。参加大会的有上海地区23个妇女团体的代表80余人，宋庆龄也出席了成立会。大会主席钟复光代表各妇女团体提出撤退武装、释放被捕同胞、容纳工人要求、惩办杀人凶手、赔偿市民损失、收回租界、取消不平等条约等12条要求，获一致通过。会后，宋庆龄对上海《民国日报》记者发表谈话指出：五卅惨案，"实为英日强权对于中国革命精神之压迫。中国人民能一致起而反抗英捕房之暴行，在上海此实为第一次"，"宜趁此时唤起全国人之民族精神，为长时期之奋斗，务达取消一切不平等条约之目的"。

上海各界妇女联合会成立后，遵照中共中央妇女部的指示，进一步开展广泛宣传和社会募捐。

在上海革命历史纪念馆里，如今仍珍藏着一份上海各界妇女联合会印发的传单。上面写道："工界的同胞！商界的同胞！学界的同胞！你们为民族争生存，为国家争主权，不惜牺牲一切的罢工罢市罢课，已经十几天，有的甚至几十天了。可恶可杀的帝国主义者不独没有承认他们的罪恶，而且仍旧把我们不当人，今天这里杀几个，明天那里杀几个……他们猜想我们只有五分钟的热度，五分钟一过，便烟消云散，没有事了。同胞们，我们这一次切不要被他们猜着了，不达目的，不要罢休！"文字虽然简单，却表达了斗争到底的决心。

资本家及其被收买的工头为了破坏罢工，一再拉拢欺骗工人上班，许愿发双份工资，以图瓦解工人的斗志。但广大工人紧紧团结在工会周围，坚持罢工不动摇。有的女工还自动把工号簿交到工会保存，使资本家的阴谋无法得逞。在反帝大罢工中，女工中涌现出一大批先进分子，商务印书馆的女党员由"五卅"前的七八个发展到 20 多个。纺织女工朱英茹、王根英、刘月桂、宋三妹、陆小妹等人先后加入中国共产党，成为工人运动中的骨干。

6 月 5 日，即上海各界妇女联合会成立的同一天，中共中央发表了《为反抗帝国主义野蛮残暴的大屠杀告全国民众书》，号召全国人民一致行动起来，为废除帝国主义强加给中国人民的一切不平等条约，推翻帝国主义在中国的一切特权而斗争到底。

为声援上海五卅运动、响应中共中央的号召，北京、汉口、济南、青岛、唐山、信阳、开封、南京、天津、长沙、九江、广州、梧州、福州、重庆、成都、南昌、杭州、旅顺、大连、哈尔滨、山西、云南、香港等地先后发起罢工、罢课、罢市"三罢"斗争。各地妇女组织纷纷发表声援文电，积极参加示威游行和宣传募捐活动。长沙举行声势浩大的游行示威时，女子宣传队走在游行队伍的前列，沿途散发的传单"如雪片纷飞"。苏州的女学生为了集资援助上海罢工工人，除上街募捐外，还自己动手制作大量"爱国扇"出售，将所得款项全部交给学联寄往上海。昆明女中学生组织援工游艺会，把募集的 3000 多万滇币全部汇寄上海。

广大妇女热情投入五卅运动，五卅运动所产生的强大冲击波与推动力则又将妇女运动推向一个新的高潮。五卅运动扩大了妇女运动的范围，尤其是劳动妇女成为运动的急先锋和生力军。正像 1926 年 3 月 8 日，杨之华在《中国妇女》杂志上撰文所说："中国的妇女运动是辛亥革命的儿，到了五四的时候，妇女运动才有切实的、反抗宗法社会旧礼教的力量。然而只有到了五卅运动，妇女解放的运动才得到了现实的、有战斗力的先锋——中国的女工。"

 千万巾帼援北伐

1926 年 7 月，在席卷全国的五卅反帝风暴影响下，广东国民政府为消灭北洋军阀势力，决定出师北伐。

还在统一广东革命根据地的东征中，广东妇女就积极参加运输队、担架队、向导队，协助东征军作战，有的还直接参加了战斗。广东妇协专门组织了 150 多人的"妇女救伤团"，派往各个战场救护伤员。国民党中央党部妇女部还开办了一个"军人家属妇女救护员传习所"，集中训练到前线担任救护、慰劳和宣传工作的妇女，由广东妇协委员廖奋牺任所长，教员有何香凝、蔡畅、高恬波等，先后培训学员 120 多人。这可说是北伐战争中广大妇女支前的预演。

当北伐军一批批由广州黄沙车站出发时，何香凝、邓颖超及广东各妇女团体的代表前往欢送。广东各界妇女纷纷向北伐军献旗，鼓励他们英勇杀敌，多立战功，赞扬他们出征北伐是"救国"、"救民"的空前壮举，并表示：妇女虽受习俗束缚和身体的特殊条件制约，"没有受过军事训练，不能够持枪挟弹，去战场杀敌"，但"愿本我们的热诚，去做救护、宣传的工作，辅助你们大功早成！"除了宣传慰问，她们还组成妇女运输队、女子救护队，以实际行动支持北伐。

国民党中央妇女部决定组织一支女子北伐救护宣传队随军北上。消息一经传出，高恬波第一个报名，在军人家属妇女救护员传习所继续学习的学员们也争先恐后积极报名。救护宣传队由13人组成，其中10人是传习所的学员。总政治部主任邓演达和师长陈铭枢的妻子也参加了救护宣传队。高恬波任救护队长，李励庄任宣传队长。

7月21日，高恬波率领全副武装的队员们随部队出发。8月，救护队经湖南进入湖北，正遇汀泗桥激战，第四军将士伤亡很重，救护队员们奋不顾身地在前沿阵地来往穿梭，紧急救护。一次，高恬波为抢救一名昏迷不醒的伤员，自己左腿中弹，鲜血直流。她从衣角上撕下一块布包住伤口，又忍痛将伤员背在身上，一步步爬回了临时救护所。攻占武昌后，高恬波稍事治疗休息，又跛着伤腿率救护队转战江西。在前线救护中，她们每天从早上5点到晚上8点，连续工作10多个小时，却"均无倦态"。她们的忘我奋斗精神，给北伐军将士和沿线群众留下了极为深刻的印象。当时担任北伐军总司令部政治部宣传科长的郭沫若，曾在北伐前敌总指挥部政治部对全体政治工作人员讲话时说："此次与总司令同来者，有……红十字会之女同志17人，伊等精神焕发，爬山过岭一如男子，挑夫病了即自挑行李，做许多男子所不能做之事"，"此种革命精神令我见了十二分的兴奋。我原是疲于跑路，当时见诸女同志之精神即十二分兴奋，我的两只腿亦以十二乘二变为二十四只腿一般，格外走的快了"。

国民党广西省党部妇女部也组织了一个女子北伐工作队，以后来成为李宗仁夫人的郭德洁为队长。后被第七军编入正规部队，称"国民革命军第七军政治部妇女宣传队"，主要担任宣传、看护、慰劳等工作。她们随第七军由桂林出发，经长沙、武汉、九江到安徽。一路上，为了发动群众、鼓舞士气，女队员们写标语，散传单，画漫画。战斗中，她们冒着枪林弹雨，始终奔赴在最前线。她们还常常利用战争的间隙，深入乡村城镇，帮助组织农协、妇协。她们的飒爽英姿、勇敢精神与风貌，不仅使第七军进军沿线的群众叹为观止，更被第七军的官兵们传为佳话。

两湖地区的妇女，也不甘示弱。1926年5月，北伐先遣队进入湖南，三湘妇女积极行动，有的给北伐军送茶送水，缝衣烧饭，有的参加运输队，运送粮草军需。国民党湖南省党部为了组织民众支援北伐，专门成立了"行动委员会"，省党部妇女部长黄颐为委员，分工负责发动妇女支援北伐。委员会共组织了50个宣传队、14个慰劳队，各队中都有妇女参加。

北伐军从广东进入湖南，沿途群众问饥问渴、送茶送饭，使北伐军将士"几不知作战之苦"。从广东乐昌到湖南郴州之间，崇山峻岭，蜿蜒100多里，且人烟稀少，军队饮食十分困难。周围民众不分男女老幼，"负粥担水，上山供应"。北伐将士曾感动地说：即使

"缠足妇女，亦亲送饮食至火线，使我军得解饥渴"，得以精神饱满地投入战斗。

湖北的妇女组织很早就作好了迎接北伐军入鄂的准备。1926年8月20日，湖北妇女协会派李哲时作为女界代表，随同武汉各团体的代表赴长沙，欢迎北伐军进入武汉。8月31日，中共湖北区委召开武汉地区党员骨干大会，讨论支持北伐军计划，湖北妇女协会领导人徐全直、袁溥之、秦怡君等出席了会议。各地妇女协会则积极组织妇女宣传队、慰劳队、做鞋队、洗衣队、烧茶队。当北伐军进入湖北后，广大妇女不仅为北伐军筹备粮草、缝制鞋帽衣物、洗衣烧饭、送茶供水，而且主动为部队传递消息、了解敌情、做向导，密切配合北伐军追剿吴佩孚的溃兵。

1927年1月，武汉人民连续举行盛大集会，庆祝北伐胜利和迁都武汉。3日下午，中央军事政治学校宣传队在汉口英租界前江汉关广场讲演，英国水兵竟登陆干涉，用刺刀杀死中国海员1人，重伤四五名，轻伤30余人，制造了"一三"惨案。武汉人民愤而掀起收回英租界的斗争。中央军校女生队和湖北省总工会女工纠察队都参加了斗争，她们到汉口散发传单，上街演讲，到剧场演出节目，以各种方式抗议英帝国主义的暴行。省妇协负责人徐全直带领男女青年划着木船，驶近停泊在江面的英舰，将全市人民愤怒抗议的英文传单包在红绒布球上，奋力投上军舰。武汉妇女积极参加收回英租界斗争的勇敢精神，被当地人民广为传颂。

在武汉妇女参加收回租界斗争的同时，上海的女工也以大无畏的革命精神，参加了上海第三次武装起义，有力地支援了北伐军的胜利进军。

1926 年 10 月到 1927 年 2 月，为配合北伐进军，上海工人阶级曾两次举行武装起义，但都失败。1927年 3 月，在中共中央军委书记周恩来、中共江浙区委和上海总工会领导下，举行了第三次武装起义。

著名妇女运动活动家杨之华，当时正担任中共上海区委书记，为了发动女工参加第三次武装起义，她经常深入到女工集中的丝厂、纱厂，耐心细致地宣传武装起来反对军阀统治的重要性与迫切性。由于党组织在起义前的思想发动工作做得深入扎实，女工觉悟迅速提高。

例如，闸北丝厂工会主席朱英茹是五卅运动中入党的女工，她奉命去丝厂建立党团组织，依靠骨干分子在女工中结成"姊妹团"，10 人一小组，50 人一大组，使女工很快组织起来。她领导的丝厂工会成为闸北工人运动的骨干力量，也是当时女工发动工作的光辉样板。起义前，指挥部共挑选了 5000 名工人组成武装纠察队，并进行了秘密的军事训练。商务印书馆装订车间的女工多，空间大，纠察队员们在这里训练时，女工们主动进行警戒和掩护。沪东区女工陆小妹家房子大，地点也比较隐蔽，她就让纠察队员分批到她家里进行练习。她的儿子当时只有十一二岁，也出色地完成了放哨任务。

3 月 21 日晨，中共江浙区委发出举行第三次起义

的指令，上海总工会也发布了总同盟罢工令。中午 12
时，80 万工人（其中女工 10 多万）的总同盟罢工像
火山一样爆发了。顷刻之间，市内所有公共交通、电
报、电话、电灯、自来水都中断了。罢工实现后，立
即转入起义，女工们也投入了战斗。女工陆小妹和杨
龙英分别担任了杨树浦区的总指挥和浦东英美烟厂的
总指挥。战斗中，武装纠察队员冲锋在前，女工紧跟
其后。军阀张宗昌令军队用大炮轰击起义工人队伍，
并纵火焚烧民房。女工们一面帮助居民撤退，一面扑
救大火。当时由 20 多位女工组成的商务印书馆救护
队，两人一组，用帆布作担架，奋不顾身抢抬伤员。
其中，有位叫陈安芳的女工，起义开始后，她将怀中
正在吃奶的 6 个月婴儿往床上一放，直奔厂内的临时
救护所。抢救伤员时，她不幸被暗藏在街角的"包打
听"（暗探）击中，为武装起义献出了宝贵的生命，年
仅 23 岁。

3 月 23 日，武装起义胜利。当天，上海举行市民
代表会议，产生了上海市人民政权——上海特别市临
时政府。朱英茹、王根英、熊天荆被选为代表。

广大妇女的积极支援和参与，为北伐战争的胜利
作出了不可磨灭的贡献。同时，北伐战争的节节胜利，
也大大促进了妇女运动的迅猛高涨。

北伐军所到之处，妇女组织发展迅速。

北伐军入湘后，湖南女子革命团体一时如雨后春
笋一般，"鼎芽怒放"，有 50 余县建立了女界联合会。
1926 年 12 月 21 日，湖南召开劳动妇女大会，到会妇

女团体 35 个，出席人数 2000 余人。1927 年 1 月 26
日，湖南全省妇女第一次代表大会隆重开幕。大会发
表"宣言"称，举行此次代表大会的目的就在于"使
全省妇女站在统一的旗帜之下"，"为谋自身解放，为
完成国民革命"而奋斗。大会还明确提出男女工资平
等等 31 条妇女解放的要求和口号。

北伐军入鄂后，尤其是国民政府迁到武汉后，这
里成了革命中心，妇女组织由秘密转为公开，发展十
分迅速。到 1927 年 2 月，3 个月内有 40 余县建立了妇
女协会，会员达 1 万多人，"形成了湖北妇女运动的统
一"。同年 3 月 8 日，湖北全省妇女第一次代表大会在
武昌开幕，53 个县和各机关团体共 500 多名代表出席
了会议。中共湖北区委妇委书记蔡畅作了《中国妇女
运动状况》的报告，刘清扬报告了北方妇女运动的情
况。第三国际代表向大会授旗，旗上书写列宁语录：
"妇女不能解放，则革命不能成功。"大会通过了《湖
北妇女总要求决议案》，并通电要求中央妇女部召集全
国妇女代表大会。

5 农村妇女运动

北伐战争还推动了农村，尤其是两湖地区农村妇
女运动的高涨。

两湖地区的农村妇女，与所有落后乡村的妇女一
样，世世代代生活在封建宗法社会统治下，被视为生
儿育女的机器和家庭奴隶，在家庭和社会毫无地位可

言。穷人家的女儿，很小就被迫给人家做童养媳。妇女若不满买卖婚姻，稍有反抗，则被视为大逆不道，横加迫害。湖南乡村用来迫害妇女最为残忍的手段是"沉潭"：将妇女的手脚捆绑起来，脖子上系一大块石磨盘，然后将其置于船上，在上游水流深处惨无人道地推入水中。

北伐战争开始后，两湖地区很快成为全国农民运动的中心。

在湖南，到1926年11月，全省75个县中，已有37县建立了农民协会组织，会员达136万余人。随着农民运动的兴起，广大农村妇女强烈要求砸开旧礼教的沉重枷锁，开天辟地第一次建立了自己的组织——女界联合会。1927年初，湖南大部分县都建立了乡一级的女界联合会，其会员大乡有一二千人，小乡也有五六百人。在女界联合会的领导下，农妇们向缠在身上的四条绳索——政权、族权、神权、夫权发起了猛烈的冲击。除了参加斗土豪、烧田契、游行示威等斗争外，她们还积极宣传男女平等、男女同工同酬、婚姻自由，反对蓄童养媳。

为了从封建枷锁和传统习俗中解放出来，农妇们愤然剪掉了巴巴头，扯掉了裹脚布。她们和儿童团一起打神牌，打祠堂的牌位，胆子大的妇女和农协会员一起到庙里打菩萨，把菩萨搬下来当柴烧。每逢召开群众大会，妇女们都异常活跃。她们布置会场，扎花、做花球、做旗子。韶山的妇女拿着一根头上有弯的长棍站岗放哨，大家管它叫"自由棍"，表示妇女翻身、自由了。

最使韶山农妇们终生难忘的是，毛委员当年曾请她们"坐头席"。1927年1月，毛泽东作为省委特派员回到韶山。韶山农协会员、自卫队员、妇女会员、儿童团员五六百人在陈公桥开欢迎大会，一些"细脚婆"（即小脚妇女）也参加了。中午在毛震公祠吃饭，毛泽东提议吃酒时妇女坐头席。他说：过去妇女受压迫最深，除了同男人一样受政权、族权、神权压迫外，还受夫权压迫，多一层苦楚。过去不准妇女进祠堂吃酒，今日妇女解放了，应该请她们坐头席。

妇女们成群结队涌入祠堂，一屁股坐下便吃酒席，全不把千百年来女子和穷人不能进入祠堂吃酒的老规矩放在眼里。1927年冬至那天，湖南衡山县白果乡一伙土豪劣绅在刘氏宗祠里摆席开堂祭祖。岳北区女界联合会主任李淑红率领30多名一色短发，手持梭镖、短棍的妇女涌入祠堂，一屁股坐下便吃酒。族长怒气冲冲地说："家有家规，族有族规"，女人怎么能擅入祠堂吃酒？妇女们理直气壮地答道："农会也有农会的规矩！"说着一拥而上，把族长绑了起来，然后给他戴上"猪脑壳"（纸糊的高帽子）游乡。从此，那些打屁股、沉潭、活埋等残酷的刑罚，再也不敢对妇女们使用了。

在湖北，一些女学生在北伐战争节节胜利中踊跃下乡宣传革命，发动妇女参加农协，组织妇协会，使农妇成为与土豪劣绅斗争的一支重要力量。襄阳县一次7000人的斗争大会，参加者妇女就占1/3。同湖南一样，湖北农妇与农民协会的男会员们一起打菩萨、闯祠堂、砸神庙、扫赌具、烧鸦片，对向来神圣不可侵犯的封建礼教、宗法观念、封建神权与男女不平等的陈规陋习，发动了猛烈冲击。

在江西，农妇运动也有很大发展。尤其是赣东北地区，方志敏、黄道、邵式平等在大革命初期就回到他们的家乡从事农民运动，极大地推动了这一带的农妇运动。不少农妇参加农民夜校，还以"姐妹会"形式结成团体，积极参加乡村革命的各类活动。北伐开始后，江西妇女解放协会应运而生。为了进一步发动和组织广大农村妇女，积极投身到国民革命的洪流中来，1927年2月召开的江西省第一次农民代表大会，作出了《关于农村妇女问题决议案》。主要内容包括：竭力向农村妇女宣传，使她们加入农民协会；各级农民协会设立妇女部，领导农妇参加乡村中的政治、经济斗争；在农民协会经营的学校中，应收纳妇女；在女工与男工做同样的工作时，应享受同等的工资；严禁养童养媳、虐待媳妇，严禁溺杀女婴、穿耳、缠足等；婚姻须女子同意，反对买卖制度，取消聘金制度；再婚妇女在社会上应受同一待遇，不得蔑视；凡属会员，不得虐待其妻子；不得虐待私生子；女子有继承财产权。

在第一次国内革命战争的大革命风暴的激荡下，福建、浙江以及两广等地区，农妇运动也有相当的发展。

大革命时代的农村妇女运动，不仅对封建守旧势力与传统观念给以猛烈冲击，使千百万农村妇女受到了民主思想的洗礼，而且锻炼、培养出一批妇女骨干。她们宛如革命的火种，在后来大都成为土地革命战争时期武装斗争和根据地建设的骨干，成为农村妇女解放运动的急先锋。

五 在苏维埃旗帜下

 大风暴中的女战士

　　1927 年 8 月 1 日，中国共产党发动南昌起义，揭
开了武装反抗国民党反动统治的序幕。以武汉军校女
生队学员为主的 30 名女兵，参加了南昌起义，其中有
女生队指导员彭漪兰，队员彭文、杨庆兰、谭勤先、
胡毓秀等。她们是中国人民军队中的第一批女战士。
在起义军撤离南昌南下广东途中，女兵们边负责救护
工作，边坚持向沿途群众进行革命宣传。她们凭着顽
强的毅力，克服了无数困难，随部队转战 1000 余里，
经受了战争与失败的严峻考验。年仅 17 岁的杨庆兰是
女兵中年龄最小的，但她臂力大，身体壮，枪法好，
背的东西又多，与谭勤先等 3 位女兵一起被誉为"四
大金刚"。她从火线曾抢救出不少伤员，并将受伤的陈
赓背到山下。

　　同年 12 月由张太雷、叶挺等人发动的广州起义，
也有许多妇女参加。她们主要来自三个方面：一是广
州的女共产党员和女共青团员，如区梦觉、陈铁军、

宋维静等。她们经受过大革命的锻炼，熟悉广州情况，起义期间主要负责在女学生和女工中做发动工作。二是广州各行业工会的女工，她们负责物资准备、交通联络和后勤供应工作。三是第四军军医处和军官教导团中的 30 名女战士，如游曦、邱继文、张瑞华等。她们不仅为起义做了许多准备工作，还直接参加了战斗。起义前夕，原"广东妇女解放协会"秘书长陈铁军率领女工积极分子印刷传单、标语，书写口号和起义横幅，赶制镰刀斧头红旗、红袖章、红领带，许多女工、女交通员还冒着生命危险秘密运送武器。起义号令一下，女队员们立即系上红色标志，有的奔向临时救护所，有的持枪作战。在进攻广州市公安局及各警察分局的战斗中，有 6 名女队员献出了自己的生命。女生队学员刘辉在战斗前便写好了遗书，她深情地写道："亲爱的爸爸妈妈，请你们不要悲伤，当革命开出鲜艳的花朵后，你们可以骄傲地说，我们的小辉儿也用鲜血浇灌了这枝鲜花。"她是在和敌人肉搏中带着十几处伤痕倒在阵地上的。主力部队撤离后，教导团的女生班因没有及时接到撤退命令，一直坚守在长堤街，在班长游曦的指挥下与数十倍于己的敌人展开死战，最后弹尽粮绝，除一名派回联络的战士外，全部壮烈牺牲，用生命实践了"流尽最后一滴血，保卫苏维埃"的誓言。起义失败后，共产党员陈铁军继续留在广州坚持斗争，被捕后，她和周文雍在刑场上举行了庄严的婚礼，用生命写成了广为传颂的人生悲壮诗篇！

八七会议后，党的工作重心转向农村，一批优秀妇女干部受各级党组织选派深入农村，"作农民暴动的组织者"。如共青团中央四届委员、广东中山大学学生区夏民在澎湃的支持下，到海陆丰发动农村女青年，克服生活上的重重困难，学会了当地方言，深入农民群众做宣传组织工作，被当地群众亲切地称为"区为民"。1928 年被捕牺牲时，年仅 22 岁。14 岁的女学生谢琼香（后改名谢飞）大革命失败后秘密回到家乡广东文昌县，担任区妇女会主任，在乡村创办平民小学、妇女识字班，发动妇女参加打土豪分田地、反封建婚姻的斗争，并在血腥的白色恐怖中毅然决然地加入中国共产党。

在各地的农村武装暴动中，还涌现出一批女指挥员。

1927 年 6 月，江西永新农民举行暴动。中共吉安县委妇女部长贺子珍率领一支农民梭镖队守卫永新南门，有力地配合了全城的暴动。贺子珍原为福音女中学生，大革命时期投身革命。她能文能武，双手持枪，百步穿杨，英勇异常。暴动后她与起义农军转移到井冈山，成为井冈山根据地的第一名女指挥员。

中央军事政治学校武汉分校女生队员胡筠回到家乡湖南平江虹桥，任北乡暴动委员会主任。为了发动农民暴动，她先打开公公家的粮仓，亲自将粮食分发给穷苦农民，并当众烧了地契，然后变卖家产购买了许多枪支，组织了一支 50 多人的游击队，活跃在幕阜山下。1928 年彭德怀发动平江起义后，胡筠担任了平江县苏维埃政府主席，率领游击队屡战屡胜，被当地群众亲切地称为"平江女将"。

童养媳出身的李贞在彭德怀支持下组织了"浏东游击队"，与敌人展开英勇斗争。在十八折战斗中，因寡不敌众，游击队被敌人包围，李贞宁死不愿做俘虏，带头跳下狮子崖，致使腹中胎儿流产。李贞不仅对革命忠贞，而且深谙兵法，英勇善战，后来成为新中国第一位女将军，在国内外享有崇高的威望。

在各地武装起义中，还涌现出像衡山游击队长毛泽建、湘西第一名女红军蹇先任、陕北游击队指导员任志贞等女中豪杰，井冈山革命根据地的贺怡、曾志、伍若兰、康克清等杰出女战士。

各地妇女群众在武装暴动过程中也起到了十分重要的作用。例如，1927 年 11 月，湖北黄（安）麻（城）起义中，许多妇女慷慨拿出自己陪嫁用的红衣服、红被面，夜以继日地缝制红旗和赤化带。10 余万妇女组成后勤队伍，不停地送饭、送水、搞运输、抬担架。在攻打城池的时候，妇女们还以菜刀、剪刀、竹竿等做武器，配合农民自卫军作战。当时这一带流传着这样一首民谣："小小黄安，真不简单。铜锣一响，四十八万；男将打仗，女将送饭。"生动逼真地反映了妇女群众高昂的战斗风采。

在根据地的和煦春风中

农民武装暴动为农村革命根据地的创立奠定了基础。到1930 年，在江西、福建、湖南、广东、广西、四川、陕西等14省300余县市建立起15块革命根据地。妇女解放运动于是在新的土壤与阳光中得到进一步发展。

1928年6月，中共六大制定了推翻帝国主义和国民党政府的统治，实行土地革命，建立工农兵代表会议（苏维埃政府）的革命纲领。会议通过的《妇女运动决议案》着重强调：农村妇女是一支伟大的革命力量，"党的任务是要特别注重工农妇女之中的群众工作"，以便最大限度地调动农村广大妇女的积极性。

1931年11月、1934年4月先后召开的中华苏维埃第一、二次全国代表大会，相继颁布了《宪法大纲》、《土地法》、《劳动法》与《婚姻条例》，为苏区妇女在政治、经济、文化与婚姻上追求解放和自由提供了法律保障。

中华苏维埃共和国的《宪法大纲》明确规定："不分男女、种族、宗教，在苏维埃法律前一律平等。"苏区妇女在政治上不仅得到一般的选举和被选举权，还有相当一批女同志进入各级政权机关，行使管理政权的职责。不少女同志担任了省一级领导机关的重要职务。如湘赣省苏维埃政府（以下简称"省苏"）副主席李端娥、土地部长黄发桂，闽浙赣省苏副主席徐大妹、军事部长胡德兰，福建省苏土地部长范乐春，湘鄂西省委宣传部长庄东晓，陕甘省苏教育部长刘锦如等。蔡畅则身兼江西省委组织部长、妇女部长、省监察委员会主席数职。至于县、区、乡政府中女同志担任领导职务的人数就更多了，如江西省兴国县有64个乡，就有 30 名妇女担任乡主席职务，近乎半数。1933
年中央司法部还提出："将来要做到裁判机关的工作人
员，大部分是劳动妇女担任。"可见，妇女参与社会管
理在苏区已相当普遍。

在农村，妇女实现经济独立的核心是要取得土地
占有权。各根据地政权颁布的土地法，都明确规定农
村劳动妇女同男子一样，拥有获得土地的权利。如
1928 年 12 月毛泽东亲自制定的《井冈山土地法》规
定："以人口多少为原则，男女老幼一律平分。"1931
年 11 月颁布的《中华苏维埃共和国土地法》规定：
"劳动人民不分男女都有得到分配土地的权利。"一些
根据地还特别规定：寡妇可以分田，妇女结了婚，原
分得的土地仍归她所有，保证了所有妇女的土地占有
权和使用权。千百万农民怀着翻身解放的喜悦领取了
土地证，各家的土地证上第一次出现了妇女的名字。
妇女们高兴地说："以往无田无地难做食，如今分田分
地有奔头。"千百年来妇女受压迫的根本原因是经济不
独立，如今苏维埃政权赋予妇女土地拥有权，为妇女
争取人身独立和各方面的自由解放提供了必备的首要
条件，这在妇女解放运动史上具有极其重大的意义。

各根据地还十分注重妇女教育问题，想尽一切办
法在妇女中普及文化知识。当时小学实行义务教育，
各根据地竞相创办列宁小学，积极动员男女学龄儿童
入学。据统计，1932 年江西省的 14 个县共建立列宁小
学 2277 所，女学生 19681 人，约占小学生总人数的
24%。虽然女孩入学率还比较低，但毕竟取得了相当

可观的成绩。

在发展正规教育的同时,各级苏维埃政权还推行成年妇女的业余教育。1932年临时中央政府下令:"各级的文化部都应设立妇女半日学校,组织妇女识字班,可办家庭临时训练班、田间流动班",等等。1934年闽浙赣省委妇女部更明确要求,"每个妇女每天至少要认识和写熟3个生字,3个月后要认熟270个生字";各乡之间要开展识字竞赛,10天检查一次,对于成绩好的给予适当奖励;同时要大力创办工农补习夜校和识字班,"每个妇女都要加入识字班去,工农补习夜校去"。毛泽东、瞿秋白、任弼时、方志敏等根据地党和政府的主要领导人都非常重视这项工作,有的亲自给妇女业余学校编写教材,有的常给业余学校讲课。1929年7月间,在毛泽东同志的倡导下,闽西苏维埃政府创办了闽西第一所夜校——新泉工农妇女夜校,动员附近各村妇女到夜校读书。后来,新泉区又办了18所妇女夜校,学员达700多人。据1934年中央教育委员会统计,江西、福建、粤赣三省共有夜校6400余所,江西、粤赣两省有32388个识字组,1656所俱乐部。兴国县有10752名妇女参加了夜校学习,占夜校学员总数的69%;全县成立了3000多个识字小组,60%的妇女参加了识字小组的学习。鄂豫皖根据地农村大都成立了妇女识字班和补习学校。通过这种深入的群众性的文化教育运动,不仅使相当一部分妇女摘掉了文盲的帽子,而且培养了一批妇女人才,如范东春、李坚真、邓六金、吴富莲、李美群、危秀英等原来都是一字不识的童养媳，通过参加工农补习夜校的学习，不仅可以读书看报、提笔成文，而且成为能独立开展工作的优秀妇女干部。

破除封建婚姻，是苏区妇女解放运动的主要内容之一。早在各地武装暴动之初，就曾提出了"解除封建婚姻"、"废除童养媳制"、"婚姻自由"的口号。随着工农民主政权的建立，一些根据地相继颁布了各种形式的婚姻条例。1928 年 1 月，中共江西遂川县委拟定的《施政大纲》中即有"废除聘金聘礼，反对买卖婚姻"的规定，后来，毛泽东亲自改为"讨老婆不要钱"，使其更加通俗易懂，深入人心。1928 年 8 月，闽西革命根据地永定县溪南区苏维埃政府率先颁布了婚姻条例，随后，龙岩、上杭、永定县委及闽西苏维埃政府相继颁布了婚姻条例。1929 年 6 月，龙岩县委讨论婚姻自由问题时，因考虑到农村妇女对要求离婚有许多顾虑，规定了 12 条离婚法。同年 7 月，中共闽西第一次代表大会通过的《妇女问题决议案》，则针对当时妇女离婚数字剧增的情况，指出"妇女迫切要求解除的不仅是离婚一件事"，各级政府必须帮助妇女认识"压迫妇女自由的不单是妇女的家庭，而是整个封建阶级，妇女要彻底解放，应与男子一致参加革命，彻底的从旧礼教束缚之下解放出来"。《决议案》并要求各级政府注意一个基本原则："不要制止妇女离婚，使妇女失望，也不要鼓励妇女离婚，使农民恐慌。"1930 年 4 月，闽西苏维埃政府发布了婚姻法及保护青年妇女条例，宣布废除童养媳制度，禁止买卖妇女，违者枪决；

结婚实行双方自愿原则，不允许其他人干涉并实行结婚登记制；离婚实行有条件离婚原则，在 8 条离婚条件中包括"双方愿意离婚，准于自由"一条。

各根据地的上述婚姻制度改革与婚姻立法改革的实践，为苏维埃政府制定统一的婚姻法提供了经验。1931 年 11 月，由中华苏维埃共和国主席毛泽东签署的《中华苏维埃共和国婚姻条例》正式颁布。该条例共分 7 章 23 条，包括总则、结婚、离婚、离婚后的小孩抚养、财产处理等内容。经过两年的实践，1934 年 4 月，中华苏维埃共和国第二次全国代表大会对于《婚姻条例》进行了修改和补充，重新颁布《中华苏维埃共和国婚姻法》。

中华苏维埃共和国颁布的《婚姻条例》和《婚姻法》明确规定"男女婚姻以自由为原则，废除一切包办强迫和买卖的婚姻制度，禁止童养媳，实行一夫一妻，禁止一夫多妻和一妻多夫"。这就从根本上否定了延续数千年的封建婚姻制度。一夫一妻制是男女平等原则在婚姻制度上的重要体现，禁止纳妾蓄婢、禁止童养媳，从根本上保障了妇女的利益。

鉴于多数妇女当时刚刚从封建压迫下解放出来，她们不仅经济上未独立，身体也受到损伤（如缠足），与男子存在着较大差别，因此，新的婚姻法明确规定了"偏于保护女子"的原则。为体现这一原则，《婚姻条例》规定，离婚后如女方未结婚，应由男方维持其生活，"直到再行结婚为止"；子女归男方抚养，如女子愿意抚养，男子要负担小孩 2/3 的生活费。"偏于保护女子"的原则是苏区政府根据农村妇女所处的实际地位而提出来的，实践证明它符合当时中国农村的实际，符合妇女的利益，对于彻底破坏压迫妇女的封建婚姻是必要的。但是，当时却有一些思想比较保守的人对新婚姻法提出的离婚自由与"偏于保护女子"的原则表示强烈的不满和坚决反对。他们认为这样会使女子"朝秦暮楚"，引起社会的不安定。为此，中央工农民主政府副主席项英专门写了一篇《关于婚姻条例质疑》，解释苏维埃政府制定婚姻法的基本立场和出发点，指出真正实现婚姻自由的意义，"不只是废除一切封建的包办、强迫和买卖婚姻"，它的"最重大的意义，是彻底消灭封建社会束缚女子的旧礼教，消灭男子对女子的压迫"。项英具体分析了农村妇女的实际状况，指出当时要求离婚的主要不是男子而是女子，而反对离婚的大多数是男子，因此，他希望各级领导要肃清封建思想残余，坚决执行婚姻条例。后来，各地在执行中，对一方坚决要求离婚的，又加上"政府进行调查"一条，这样既保证了婚姻自主原则的实行，又可克服婚姻问题上绝对自由的倾向，更为合理和切实可行。

《中华苏维埃共和国婚姻法》的制定和实施，标志着中国婚姻家庭制度改革的开端。正如毛泽东在第二次苏维埃代表大会上的报告中指出："这种民主主义的婚姻制度，打碎了中国数千年束缚人类尤其是束缚女子的封建锁链，建立适合人性的新规律，这也是人类历史上伟大的胜利之一。"它不仅将妇女从封建婚姻的痛苦中解放了出来，而且极大地调动了青年男女的革命积极性。"结婚自由的事，已普遍了赤区"。自由恋爱、婚事简办的社会风气开始在中国苏区广大的农村地区兴起，有相当一批妇女是从破除封建婚姻走上革命道路的。

 ## 建立女工农妇代表会

在帮助广大妇女追求政治、经济、文化与婚姻生活的独立自由的同时，苏维埃区域的各级政府还十分重视妇女组织的建立。

根据地建立之初，各地没有统一的妇女组织，有些地区沿袭大革命时期妇女组织的名称，不少妇女组织有名无实。为加强和统一根据地妇女组织，除了党和政府里设置了妇女部（或称妇委）负责领导妇女工作外，1932 年 4 月，中华苏维埃共和国颁布了《妇女生活改善委员会组织纲要》，规定"自城市苏维埃、区政府直至中央政府都须设立妇女生活改善委员会"。妇女生活改善委员会的宗旨是："使劳动妇女能切实的享受苏维埃政府对于妇女权利之保障，实际取得与男子享有平等的权利，消灭封建旧礼教对于妇女的束缚，使她们在政治上经济上得到真正的解放，以领导她们积极的来参加革命。"该会的任务是：调查妇女的生活，具体计划改善妇女生活的办法，交同级人民委员会或政府的主席团通过后监督执行。妇女生活改善委员会虽然不是各级政府的行政部门，但在联系各级政府和广大妇女群众方面却起着重要作用。各级苏维埃政府还通过妇女生活改善委员会发动妇女走出家门、参加革命战争，实现党的中心工作任务，并把解决妇女切身利益和动员妇女参加战争与后方建设有机地结合起来。

在战争频仍的情况下，一些地方组织往往忽略广大妇女的利益，这样就难免挫伤妇女的积极性，给革命事业带来一定的损失。妇女生活改善委员会成立后，关心妇女在政治、经济、婚姻等各方面利益的要求，为她们解决实际问题，同时纠正各级政府工作中轻视妇女、忽视保护妇女权利的倾向，同不执行保护妇女法令的行为作斗争，为广大妇女撑腰做主。实践证明，妇女生活改善委员会是根据地党和政府在革命战争时期，为切实解决妇女特殊利益，而创造出的一种行之有效的组织形式。它不仅维护了妇女的特殊利益，而且在推动农村的反封建斗争，密切党和政府与妇女群众的联系方面发挥了重要作用。

为了吸收妇女参加苏区的各项工作，各根据地还建立了女工农妇代表会议制度。1933年3月，苏区中央局颁布的《女工农妇代表会议的组织及工作大纲》，要求各革命根据地"在党和团领导下，经过女工农妇代表发动与领导女工农妇斗争，以改善女工农妇的生活，进行文化教育工作，吸收女工农妇参加苏维埃建设"，"尤其是最大限度的吸引她们来参加革命战争"。女工农妇代表会议没有独立的系统，只在城、乡有固定的组织和定期的会议，区、县、省一直到中央的女工农妇代表会议也不是常设机构，是临时召集的。乡以下的村或妇女群众集中的地方，可以组织妇女代表会，隶属于乡妇女代表会的主席团。其组织办法为 10到 20 人选举一个代表，在代表中再选出 5 至 7 人组成主席团，负责每次代表会的组织工作，并领导全体代表去执行议决的各项工作。进而通过这些代表密切同妇女群众的联系，教育宣传妇女群众，改善她们的生活，发动和领导她们参加苏维埃建设的各项工作。

各级女工农妇代表会议成立后，有力地配合了党的中心工作。江西兴国长冈乡的女工农妇代表会每村设一个主任，由各村主任及一个妇女指导员组成乡的女工农妇代表会主席团，经常讨论有关妇女切身利益及妇女工作中的种种问题。福建上杭才溪乡的妇女每10 天开会一次，"凡乡苏讨论的，她们都讨论，除对慰问红军、推销公债、发展生产等极其努力外，本身利益如婚姻问题也常讨论"。女工农妇代表会成为组织团结和动员广大女工农妇群众行之有效的组织形式。

有了妇女组织，还必须有足够数量与较高素质的妇女干部。根据地建立之初，妇女干部非常缺乏。据1933 年江西 16 县的统计，419 名县级干部中，妇女干部仅占 6.4%。为了改变苏区妇女干部严重缺乏的状况，各根据地通过大力普及文化教育，举办各种训练班，选拔妇女干部到各种学校去深造等多种形式，加速培养妇女干部。同时，各类学校也十分注意吸收妇女入校学习。江西省苏维埃干部学校招生时，规定 360名学员中应有 1/3 的女生。党校、团校、红军学校、苏维埃大学也都要求有一定比例的女学员入学。1933年，中央在瑞金沙洲坝创办一所女子大学，同年川陕苏区也创办了妇女学校，培养了数百名专职妇女干部。这些女干部经过培训后，又回到实际斗争中去锻炼，从而使大批妇女人才脱颖而出，成为苏区妇女运动的中坚力量。

在革命根据地的和煦春风中，在工农民主政权的组织领导下，广大妇女初步获得了一些民主权利，并逐渐组织起来，开始一步步从封建主义束缚中解放出来，顺着解放的大道迅跑！

 ## 二万五千里长征中的女红军

1934 年 10 月，由于王明"左"倾机会主义路线的影响，第五次反"围剿"失利。中国工农红军被迫撤离革命根据地，进行战略大转移，从而开始了举世闻名的二万五千里长征。在各路长征队伍中，都涌现出不少巾帼英雄，她们的英勇事迹，为二万五千里长征这首人类历史上独一无二的雄壮乐章增添了别具音韵的旋律。

红一方面军于 1934 年 10 月撤离中央根据地，从瑞金出发时有 30 名女干部随军参加长征。她们中有的曾在苏维埃中央政府或军队中担任重要职务，如蔡畅、邓颖超、康克清，以及贺子珍、李坚真、李伯钊、刘英、刘群先、金维映等；有的则是从各省挑选出的革命意志坚强、富有工作经验又身体健康的妇女骨干，如吴富莲、吴仲廉、邓六金、李桂英、危秀英、甘世英等。这30名女干部，除蔡畅、康克清、刘英等6人外，其余24人均编入由董必武、徐特立任正、副团长的中央工作团。后来，该团改编为干部休养连，由苏区中央局妇女部部长李坚真任政治指导员。其主要任务是进行政治宣传、护理伤病员、筹集粮款、寻找民夫、组织担架运输队等，当时被称为"政治战士"，责任十分重大，女战士们以一当十，个个尽职尽责，任劳任怨。在民夫不足时，她们就担起抬担架的责任。在长达一年、艰苦卓绝的万里转战中，30名女战士除甘棠、李桂英和谢小梅三人中途留下参加地方工作外，其余27人全都斗志昂扬地到了延安。

1935年9月，红二、六军团在国民党重兵包围下从湖南桑植出发，向贵州、云南方向突围。随红二方面军长征的女战士有李贞、戚元德、陈琼英、周雪林、陈罗英、蹇先任、蹇先佛、石芝等20人左右。她们中，有的担任指挥员、机要员，有的担任护理员、炊事员。后来成为中国人民解放军著名女将军的李贞，当时任红六军团组织部副部长。

1935年3月，红四方面军从川陕苏区出发，西渡嘉陵江，开始长征。红四方面军中的女战士，是各路长征军中人数最多的，达8000余人。长征开始后，除妇女独立团外，其他机关中的女战士也几乎全部参加。她们多是十六七岁的普通女战士，最小的只有9岁。但无论看护伤员，组织宣传，还是筹集粮草，参与运输，甚或充当工兵，修路架桥，无不吃苦耐劳，任劳任怨。有不少女战士则永远倒在雪山草地中。

　　红二十五军长征途中，虽然只有 7 名女护士随军行动，但同样表现得十分勇敢。由于敌人疯狂地围追堵截，部队连续急行军，军政治部一再动员 7 名女护士留下隐蔽，可每次动员都为她们那火热的革命激情和大无畏的献身精神所感动。为了不让一人掉队，7 名女兵在夜间行军时，用裹腿布结成一条长绳，互相拖曳着前进。同时她们还担负着护理伤病员，保障后勤服务和宣传发动群众等繁重任务，在所有参加长征的红军女战士中，红二十五军中的 7 名女护士是最早到达陕北的。

　　长征途中，女战士们所遭遇的艰难困苦是无法想见的，女战士们所表现出的英勇坚毅精神更是感人的。红一方面军干部休养连的女战士在汹涌咆哮的大渡河前毫无惧色，她们把担架绑在肩上，把药箱捆在身上，一趟又一趟地匍匐前进，终于将伤病员、马匹和药物安全地运到对岸。红四方面军妇女独立团的战士们在长征途中除了搞好其他工作外，还担负着架桥修路的任务。一次，突遭敌人空袭，部队和伤员被堵在河边，连长王学农一马当先，带领一排女战士扛着木板跳入河中，用肩膀架起一座桥，使部队和伤员顺利过河，避免了严重伤亡。红四方面军还有一支由 500 名战士组成的妇女工兵营，营长是从鄂豫皖根据地转移来的女红军指挥员林月琴。长征途中，工兵营除了运输全营生活物资外，还要运输供给部的财物，在急行军中每人都要背负四五十斤重的东西，却没有一人叫苦叫累。

缺少食物，是长征部队面临的重大困难之一。在断炊无粮的情况下，女战士们吃遍了野菜、草根，甚至从牲畜的粪便中找来未消化的粮食颗粒充饥。可是，这从未动摇过她们遵守红军纪律的自觉性。红一方面军过云南边境时，女战士谢飞等人在一间无人的屋子里发现一筐梨子，她们踟蹰再三，只拿了一个梨子给正在发高烧的战士吃。离开时她们不仅给房子主人留下了12个铜板，还特意在梨筐中留了一封致歉信。

为了战胜困难，女战士们高度发扬团结互助精神。红六军团女战士马忆湘参加长征时只有13岁，过草地前，她的干粮袋不慎掉进河里被水冲走。女战友们伸出友谊之手，你一撮，我一撮，最后凑了半袋子粮。一方面军女战士危秀英为了陪伴生病落伍的战友，主动放慢脚步，与她们相互激励，并肩前行。在她的帮助和带动下，因病落伍的几位女战士咬紧牙关，坚持行军四天四夜，终于赶上了部队。危秀英还将自己水壶里的水和所剩无几的青稞麦送给两位濒于死亡且素不相识的战士，使他们终于战胜了死神。为了保护伤员，一些女战士用自己的身体抵挡敌人的子弹，有的因此而倒在担架旁再没有起来。

与男战士相比，女战士在长征途中还要克服自身特殊的生理困难。月经来时，因找不到一张纸、一块布，只能任经血从裤管往下流。长时间过度疲劳与饥寒潮湿的困扰，使她们的经期紊乱，许多女战士闭了经，得了妇女病，有的甚至从此终身不育。但是，为了革命，为了民族解放事业，她们将个人幸福与安危置之度外，义无反顾地随着红军长征洪流，奋勇前进。

正是这种大无畏的革命精神，成为一代巾帼英雄创造人间奇迹的精神支柱。邓颖超在长征前就患了严重的肺病，后来恶化到大吐血。过草地时，她又掉进沼泽里，第二天就发起高烧，一连七天七夜粒米未进。周围的同志都认为她不行了，可她却奇迹般地挺了过来。要是没有超人的毅力，这是根本不可能的。蔡畅也是长征女战士中的杰出代表。红一方面军过草地时，"死海"的阴影一度笼罩在部分战士的心头。蔡畅以其无比豪放乐观的精神，常常谈笑风生，时时引吭高歌。她用法文一遍又一遍地高唱《马赛曲》，使疲惫不堪的战士们像注射了"兴奋剂"一般，无不为之振奋，斗志昂扬。女战士危拱之也是深受长征将士们热爱的女英雄。她有一双大大咧咧的"解放足"，更练就一身豁达乐观的英雄气质。长征开始前，她曾受到错误的处分，但她毫不放在心上，长征途中，她常与红军总政治部宣传干事李伯钊边走边唱边舞，成为战士们衷心爱戴的"歌舞明星"。

二万五千里长征，是人类历史上的伟大奇迹。在长征过程中，巾帼英雄以大无畏的革命胆略、坚定的革命意志、乐观的奋斗情怀和无私的奉献精神为中国妇女树立了楷模，谱写了世界妇女解放史的壮丽篇章！

六　共赴国难洒热血

 ## 风在吼，云在怒

　　1931 年 9 月 18 日深夜，日本关东军炸毁沈阳北郊柳条湖附近南满铁路的一段路轨，反以中国军队破坏铁路为借口，突然袭击东北军驻地北大营和沈阳城，发动了蓄谋已久的侵华战争。9 月 19 日，日军侵占沈阳、长春等 20 多座城市。此后仅 4 个多月时间，辽宁、吉林、黑龙江三省全部沦陷。翌年 1 月，日军又对上海发起了进攻。3 月，日伪勾结，在东北建立了伪满洲国。

　　九一八事变发生的第二天，全国各大中城市男女学生纷纷集会游行，建立抗日团体，呼吁全国同胞立即动员起来，共赴国难。北平大中学校女生成立了反日救护队，加紧训练，准备随时奔赴前线进行战地救护。各校女学生还特别组织了慰问东北难民同盟队，免费接送逃入关内的东北失业学生。经过一段时间的组织准备后，北平学生抗日救国会于 10 月 10 日举行声势浩大的抗日宣传，女一中、女附中、春明、两吉等 12 所女校的学生参加了宣传活动。温泉女子中等师范学校女学生还到西北旺等 25 个村进行了宣传。

在北平学生反帝爱国行动的带动下,上海、南京、长沙、南昌、开封、安庆、广州、青岛、合肥、济南、西安等地的大中学生及女中、女师、女职各类学校相继行动起来,声讨日本帝国主义的侵略罪行,呼吁全国各阶层的人民一致奋起抵抗外敌,迅速形成一个遍及大江南北的抗日宣传热潮。

1931 年 11 ~ 12 月间连续发起的三次"南下请愿",将这一时期的学生运动推向了高潮。北平、天津、济南、青岛等地大中学校女生们奋勇报名参加请愿队伍。学生们到南京政府请愿,要求对日宣战,并立刻出兵。蒋介石为了阻止学生南下,下令各铁路车段不许学生上车,于是又激发了北平学生卧轨斗争。

12 月 4 日,北平女子文理学院的 140 余名女学生,由总指挥杨文俊、队长王惠之率领,与法学院学生首先卧轨。当时正值严冬季节,学生们露宿铁轨,坚持三昼夜,虽饥寒交迫,斗志弥坚。女学生们不停地呼喊口号,以致"力竭声嘶,不能言语"。后来成为著名法学家的韩幽桐也是当时参加卧轨斗争的女学生之一。

北平艺术学校女学生、共产党员薛迅是北平示威团党团组织成员。她组织学生到长辛店、丰台等地与铁路工人联系,取得司机、司炉及扳道工人师傅支持。在第三次请愿示威活动中,薛迅担任示威团副指挥,虽两次被捕入狱,面对国民党顽固分子的威胁、恐吓,她毫不示弱,义正词严,显示了共产党人的高风亮节与铮铮铁骨。

虽然三次南下请愿活动归于失败，但男女学生可歌可泣的爱国热情、不屈不挠的斗争精神，向全世界表明：富于爱国主义与自强不息传统的中华民族，决不会甘做外国侵略者铁蹄下的亡国奴！

在青年学生掀起反帝爱国热浪的同时，上层知识妇女也积极奋起，为挽救民族危难而奔走呼号。

1931年10月1日，由上海妇女救济会、妇女共鸣社、中华妇女节制会发起，联合25所女校80个团体2000余人成立了上海妇女救国大同盟。当天通电要求南京政府对日宣战，呼吁全国妇女团结起来，抵制日货，组织义勇军看护队。会后举行大规模游行示威。

10月17日，由北平女一中校长孙荪荃等70人发起，成立了北平女界抗日救国会，要求南京政府以民族利益为重，"释放一切政治犯，团结革命势力，对日宣战"。该会选举李德全（冯玉祥夫人）、于凤至（张学良夫人）、刘清扬、孙荪荃等21人为委员。于凤至还发起成立了华北妇女救国会，邀请上层人士夫人参加，筹集巨款，抚慰抗日死伤将士及其家属。

可是，北平女界抗日救国会刚刚成立，便遭到国民党北平市党部的破坏。23日，北平市教育局突然下令将女一中校长孙荪荃停职，由吕云章接替。孙荪荃是北平师范大学毕业生，曾接受过李大钊、鲁迅的教诲和影响，大革命失败后参加邓演达组织的第三党。在民族危亡的紧急关头，她不顾个人安危荣辱，坚持爱国立场，积极支持女学生的爱国行动，又牵头组织女界抗日救国会，因此被国民党政府视为眼中钉、肉中刺。女一中学生出于义愤，发起挽留孙校长运动。29 日，当吕云章带着 20 多个便衣侦探到女一中强行接收时，愤怒的学生与侦探发生冲突，10 多名女学生被打伤。国民党的暴行激起了北平各界人士的不满，各团体纷纷派代表慰问受伤学生，支持女一中学生的正义要求，指斥当局武力迫害爱国学生的罪行。新闻界也大力报道，为女学生伸张正义。

10 月 25 日，南京成立了妇女救国义勇团，强烈要求南京国民政府恢复民众运动、组织全国妇女领导机关，同时电请国际妇女主持公道、维持和平。在 10 万群众的集会上，妇女共鸣社主编张默君挥泪发表演说，号召说："与其死于日本枪炮侵略之下，毋宁死于疆场之上，女界同胞应效法欧战时各国女子都到前方去！"

日本帝国主义侵占东三省后，又将战火引向黄浦江畔。于是，爆发了著名的一·二八淞沪抗战。

淞沪抗战得到上海与全国妇女的有力支援。在中共的领导下，上海各业工人反日救国联合会成立，并举行同盟大罢工，坚持了三个多月，有力地支援了十九路军的爱国行动。宋庆龄曾慷慨捐款 1500 多元，支持上海工人的罢工斗争。

身在法国、心系祖国的何香凝，听到"九一八"消息后，立即动身回国。12 月 28 日，她在上海举办了"救济国难书画展览"，将画展所得款项及新加坡爱国华侨委托她带回的捐款全部送往东北，支持东北义勇军。

为支援淞沪抗战，宋庆龄、何香凝发动妇女办了几十所伤兵医院，并亲赴抗敌前线慰问十九路军将士。面临敌机的不断扫射，宋庆龄镇定自若，盛赞十九路军"守吴淞之功极伟"，鼓励爱国将士英勇杀敌，"不使我中国有寸土入于敌人之手"。

1932 年 1 月 29 日，何香凝主持召开爱国妇女会，特邀医生护士、慈善团体负责人及工商界知名人士参加。会上决定组织妇女慰劳队、救护队、难民救济队，开办护士训练班，并在上海新闸路海关监督公署成立了办事处。何香凝动员女作家陆晶清、刘蘅静及十九路军将领陈铭枢、蔡廷锴、蒋光鼐等的夫人参加办事处工作，她自己也亲自参加分配食品。1 月 30 日，当数辆满载女救护员及慰问品的汽车从何香凝住处开出时，行人无不欢呼，奔走相告。沿途又有许多群众将慰劳品交给妇女慰劳队员，请她们转交十九路军将士。

当战斗吃紧时，何香凝同陈铭枢、蒋光鼐专程到南京，请蒋介石增兵支援。蒋介石表面表示欢迎，还为他们设宴，并不停地给何香凝夹菜，但关于援兵一事却闭口不提。何香凝未动一饭一菜，愤然返回上海。

为了支援淞沪抗战，上海各界民众捐款 700 余万元，无数妇女还献出了自己心爱的金银首饰和纪念物品。在宋庆龄、何香凝的号召下，上海妇女曾在 5 天之内赶制全新棉衣裤 3 万多套。当时的报刊报道说，淞沪抗战期间，"如战地发出一消息，我军需要何物品，则一刻之间此项物品已如山积"，"报上一刊出

'前方将士无以御寒',不到数小时之间,不论何处的成衣铺与家庭妇女,即匆匆赶制丝棉背心、绒线袜、棉被等。一时风起云涌齐向军中输送了"。甚至连妓女也争着捐献毛巾、布鞋等物品。人们感叹说:"妓女亦爱国,可见此战感人之深矣。"

在上海人民倾全力支援抗战的同时,全国各地纷纷组织义勇军赴沪参战。其中著名的如广东女子救护队200人,南京妇女救护队30人。援沪的四川抗日救国义勇军敢死队里有杨逸村、陈仲柏、金如石等3名女生。当她们随100多名敢死队员离川赴沪时,四川省妇女协会分别赠送给她们绢制手帕,上书"闻君洒血千里行,多少男儿当愧死。愿君不必计生还,伫看光芒耀青史",热情地称颂她们勇赴国难的献身精神。

在上海江湾的战壕里,一位女学生在一周的激战中除照料50名士兵的饭食和为其缝补衣物外,还参加搬运武器、护理伤员的工作。一位知识妇女坚守在战壕里为士兵们写家信。她还特意搬来30个养蜂箱,称作"十九路军蜂箱",每天把蜂蜜分给士兵补养。十九路军撤退时,有3名妇女仍留在闸北阵地上,她们手握地雷,随时准备与扑过来的日军同归于尽。类似感人肺腑的事迹还有很多,充分反映中国妇女的英雄胆识和视死如归的爱国主义精神。

 抗日女先锋赵一曼

九一八事变后不到半年时间,日本关东军就占领了东三省全境。在中国共产党领导下，东北各阶层人民组成了广泛的爱国统一战线，掀起了轰轰烈烈的反日伪斗争。

在东北抗日游击战争的各个阶段，各族妇女始终是一支十分活跃的力量。在初期，各地妇女秘密组织了"妇女会"、"妇女反日会"、"妇女抗日救国会"及"姊妹团"等，积极开展反日宣传，为游击队侦察敌情、传递情报、输送军需物资、赶制军鞋等。为了广泛发动妇女群众，党组织派出女干部到各地开展妇女工作。例如，中共珠河地委妇女部长李秋岳，就先后在河东、侯林乡、黑龙宫、乌吉密、石头河子、三股流等地建立妇女会，领导妇女开展反日斗争。汤原县委委员裴成春，曾率领汤原游击队 7 名朝鲜族女战士，多次参加战斗并缴获敌人大量武器。

在东北抗日游击战争中，赵一曼更是一位富有传奇色彩的英雄人物。

赵一曼原名李坤泰，后来参加抗日联军时改名为赵一曼。1905 年 9 月 27 日出生于四川省宜宾县白杨嘴村。她从小聪明伶俐，生性活泼，爱说爱动，又有主见。8 岁进私塾读书，对私塾里古板生硬的教学方式十分反感，但她肯动脑筋，记性又好，学习成绩不错。12 岁那年，深受封建道德传统毒害的母亲和哥哥逼她缠足，哥哥还为此动手打她，她从地上爬起来，挺起胸膛冲着哥哥喊："你打吧，打死我也不裹脚！"反裹脚的行动，是赵一曼在反封建礼教斗争中迈出的第一步，也是她倔强不屈的性格的最初显露。

1926 年 10 月，组织选拔赵一曼到武汉中央军事政治学校学习。中央军事政治学校设在著名的武昌西湖书院，是一所专为北伐培养干部的学校，当时隶属于黄埔军校系统，由恽代英直接领导。军校共有学生 5000 余人。在艰苦的军事训练与丰富的学习生活陶冶下，赵一曼的思想日趋成熟。1927 年大革命失败前夜，年轻的赵一曼加入了中国共产党，成为无产阶级先锋队伍中的一员。

1927 年 9 月，组织上又派赵一曼随一批革命干部赴苏联，在莫斯科中山大学学习一年。回国后，先后在湖北、上海、江西等地担任党的地下交通员。为了便于工作，她毅然将孩子送到湖南乡下，交由她丈夫的哥哥代为抚养。此后直至牺牲，赵一曼再也没有见到她心爱的儿子。

1931 年九一八事变发生后，赵一曼接受党的指派奔赴东北，先在沈阳一家烟草公司做卷烟工，以掩护做地下工作。不久，满洲省委机关被敌人破坏，省委迁至哈尔滨，赵一曼以满洲省总工会书记老曹秘书的身份潜入哈尔滨。为便于开展工作，她和老曹扮作"夫妻"，在市内租了一所俄国侨民的房子，建立新的"家庭"。赵一曼经常帮老曹转送信件、传达通知、抄写文件、刻印传单，常常挺着久病的身躯通宵达旦地工作。1934 年春天老曹被捕入狱。赵一曼便又接受地下党的指示，化装成一位农妇，到珠河地区（现黑龙江省尚志县一带）开展工作。

到珠河后，赵一曼先在妇女会工作，不久担任珠河铁北地区区委书记。她既要给部队筹措粮款和军衣、军鞋，又要安置伤员，组织农民参军参战。但是，不管工作多么繁忙，赵一曼总是和群众打成一片，千方百计帮助群众解决各种困难。所以，不到半年，赵一曼就和当地群众结下了深厚的友谊。无论是姑娘、媳妇或老大娘，都很喜欢她。妇女们为了掩护赵一曼，大家都姓起李来，她们用老李、小李、黑李、胖李，还有小辫子李等来区别各人的名字。赵一曼因为长期患病，人很瘦，大家就亲昵地叫她"瘦李"。

为了保护群众，赵一曼根据党的指示，联合各村屯的群众组织了一支农民自卫队，并亲自担任教员，每天给自卫队员们上军事课，给他们讲解游击战的战略战术。她还亲自指挥农民自卫队伏击日军小分队，打了不少胜仗。自卫队员和群众由衷地夸赞她："我们的女指挥真是文武双全!"就是连当时的日伪报纸《大北新报》也发出惊呼："共匪女头领赵一曼，红枪白马猖獗于哈东地区"，"她身穿红装，骑上白马，穿过山林，飞驰平原，宛如密林之女主"。

1935年12月瓦窑堡会议后，为了迎接抗日高潮的到来，中共满洲省委根据党中央的指示，将东北人民革命军、抗日游击队统一改编为东北抗日联军。赵一曼奉调抗联工作，担任第三团的政治委员。她和该团团长王惠同经常带着人马，活动于黑龙宫、秋安屯、关刀嘴子一带，给日伪军一次又一次沉重的打击。后来，在一次战斗中不幸受伤被捕。敌人用尽了各种酷刑，但是，这一切丝毫不能动摇赵一曼的革命信念。

六　共赴国难洒热血

113

伪警察厅长林宽重在多次亲手施行毒刑后，不得不承认赵一曼"简直是块花岗岩！"

1936年8月3日，年仅31岁的赵一曼英勇就义。

赵一曼不愧为中华民族的优秀女儿、著名的抗日女英雄。郭沫若曾咏诗赞道："四海会歌赵一曼，万民永忆女先锋。"

 ## 3 日军暴行与妇女同胞的震怒

日本帝国主义发动的侵华战争，给中国人民，尤其是中国妇女带来了无比深重的灾难。

日军所到之处，无不进行惨绝人寰的烧杀淫掠，广大妇女所遭受的极端野蛮、极端残忍的蹂躏和摧残，尤其令人发指。日军不仅对中国妇女进行野蛮屠杀，而且在光天化日之下，进行野兽般地奸淫、轮奸，奸淫、轮奸后往往将被害的妇女杀死，甚至将她们肢解，竟至"以刺刀洞其腹，折树插于私处"。这种野兽不如的罪恶行径，在世界历史上也是罕见罕闻的。

在震惊中外的南京大屠杀中，仅在南京城内，就发生了约2万起强奸事件。《远东国际军事法庭判决书》中说，南京大屠杀中，"强奸事件很多"，"全城中无论是幼年的少女或老年的妇人，多数都被奸污了。并且在这类强奸中，还有许多变态的和淫虐狂行为的事例。许多妇女在强奸后被杀，还将她们的躯体加以斩断"。

据澳大利亚学者廷珀利所著《侵华日军暴行录》

一书记载，当时南京国际委员会曾给日方递交公函69份，共提出奸淫暴行事件425起，无不触目惊心，令人发指。其中三起暴行如下：

"12月15日夜，大批日本兵闯入金陵大学宿舍，当场强奸妇女30人，有几个妇女被6人轮奸。"

"12月16日，日本兵架去陆军大学内的7个姑娘，从16岁到21岁，5个释放回家。据18日所报告，她们每人每天被奸污六七次之多。"

"12月17日，星期五。抢劫、屠杀和奸淫的暴行仍毫无收敛。大略估计，昨天一昼夜就不下1000名妇女遭到强奸。一个可怜的妇女被奸污了37次。另一个妇女在被奸污的同时，她的5个月的婴儿因为哭喊而被残忍的日本兵活活闷死。如果谁敢反抗，就会被刺刀捅死。"

日本侵略军的暴行，比野兽还要野蛮千百倍。李克痕在《沦京五月记》中记载："日兵进城后，除抢烧杀，更重要的却是奸淫妇女，11岁的幼女，50余岁的老妪，都不免被辱。轮奸后，多被杀死……整群结队的'花姑娘'被捉到，有的送往上海'皇军娱乐部'，有的专供敌人长官以泄兽欲。一般敌兵，到处搜寻女人，在街上，在弄堂口，许多女同胞被轮奸，惨叫声和狂笑突破了死城的空气。"陶秀夫在《日寇祸京始末记》中记载说："吾犹记日寇之入南城也……其时有妇女匿于雨花门侧之草中，日寇奸之。继复以刺刀洞其腹，折树插于私处！"

日军的暴行，激起了中国妇女的强烈愤怒与坚决反抗。她们痛切地感到,个人的命运完全维系于祖国的存亡,抗日则生,不抗日则死,则被辱。广西女学生军在《告全国女同胞书》中,喊出全中国各阶层妇女的心声:

"抗战的怒火,已烧遍了四方!从千重的高压下面,从万条的锁链中间,起来吧!中华民族的女儿:保卫我们的祖国!保卫全世界的和平!"

"我们能忍心看着同胞们做亡国奴的惨痛吗?不,我们要生存,与其坐待敌人残暴地奸淫屠杀而死,不如轰轰烈烈地在沙场肉搏里去求生。"

"起来吧!亲爱的姊妹们,别再踌躇,别再叹息,也别再迷信命运。踌躇叹息迷信是灭亡的道路……起来吧!热血的姊妹们!鼓起勇气跳出厨房,抛弃家庭,踏上救亡图存的坦道,和敌人清算民族的血账!"

于是,中国妇女不分老少长幼,不分职业阶层,奋然而起,积极投身于民族抗战的历史洪流中。她们有的冒着敌人的炮火支援抗日军队,有的在枪林弹雨中抢救伤员,进行战地服务,有的投奔抗日军队,接受军事训练,有的参加武装暴动,直接对日作战,迅速形成了广大妇女参与抗战的热潮。

当卢沟桥的枪声打响后,北平市女同学会、东北妇女救国会、晋察冀妇女同乡会等13个妇女团体,立即联合组成了北平市各界妇女后援会,以一切可能的方式支援抗战。

上海八一三抗战开始后,何香凝率领各妇女团体的负责人,将她们募集和捐献的钱物,制作成大批慰问袋与救急包，亲自送到炮火连天的前线，慰问浴血抗战的将士，抢救、护理伤员。

为报仇雪耻，抗敌救国，许多爱国女青年投奔抗日军队，接受军事训练。八路军学兵队女生区队、新四军教育总队第八队、山西军政训练班第 11 连、第五战区抗敌青年军团女生大队、广东省第八区民众抗日自卫团妇女干训所等，都是专为训练女兵而设立的。她们经受一段训练后，便迅速奔往抗日前线，冲锋陷阵，杀敌报国。例如，后来担任雁北游击队第八支队政委的女英雄李林，就是在山西军政训练班毕业的。广西女学生军、浙江绍兴妇女营，则是抗日战争初期最具神威的两支妇女武装。

原先啸聚太湖的绿林女子蔡一飞，也于 1937 年 11 月召集绿林旧部，组成游击队，开赴前线为国杀敌。她们第一次与日军交锋，就毙敌 70 余人，活捉 12 个俘虏，连不可一世的日本"皇军"，也不得不称她为"这时代的英雄"。

为了唤起千百万民众共同抗日，各地妇女抗日团体积极宣传抗战。唱抗日歌曲，演抗日戏剧，作抗日讲演，几乎成了妇女抗日团体最重要的活动。在她们的积极努力下，《义勇军进行曲》、《救亡进行曲》、《大刀进行曲》、《到敌人后方去》等抗日歌曲，到处流行，几乎家喻户晓，成为鼓舞广大民众抗日斗志的有力武器。

当时，就连六七十岁的老大娘，十来岁的小女孩，也都以极大的热情投入抗日宣传活动。1938 年春建立的河南偃师县老婆剧团，30 余名团员中，年龄最小的 35 岁，最大的 75 岁。该团团长薛世英曾在 1939 年受到毛泽东的接见，使老婆剧团大受鼓舞。1938 年 7 月，河南宜阳东赵堡的范天治、张花等老太太组织的老婆宣传队，队员多达 80 余人，其中年龄在 70 岁以上的就有 10 人。在前线慰劳演出中，她们高唱：俺们"不爱吃来不爱穿，只为鬼子欺侮俺，家里闲事俺不管，省下功夫去宣传。把鬼子赶出中国去，欢乐再过太平年"。那朴素的语言，炽热的情感，独特的表演风格，使抗日将士深受鼓舞。

4　妇女界抗日统一战线的形成

广大妇女奋起抗日有力地支援了伟大的抗日战争，而抗日战争的深入发展又反过来推动了妇女自身的觉醒与解放。随着抗日民族统一战线的逐步形成，广大妇女也以前所未有的规模组织了起来。

1937 年 7 月 22 日，中国妇女抗敌后援会在上海成立。它是卢沟桥事变后成立最早的全国性妇女团体。由何香凝、宋庆龄发起，联络宋霭龄、于凤至，以及孙科夫人、蔡元培夫人、国民党上海市市长俞鸿钧夫人。该会成立后，立即致电各省妇女界，号召成立各省妇女抗敌后援会，将全国各妇女团体的力量统一起来。

8 月 1 日，宋美龄等在南京组织中国妇女慰劳自卫抗战将士总会，并任主任委员。该会是国民党领导下的妇女抗日组织，其宗旨是：发动海内外妇女同胞为抗日"输才尽力"。宋美龄在成立大会上号召说："我们要保全国家的完整，保护民族的生命，应该尽人人的力量，来抵抗敌人的侵略。"成立后的第二天，该会便致电各地妇女界，要求尽快组织各地分会，以便形成全国性的组织系统。不久，在国统区的大部分省市，都相继建立起以省市主席夫人为主任委员的慰劳分会，就连香港也建立了分会。

何香凝等人从抗战大局着眼，认为中国妇女抗敌后援会与中国妇女慰劳自卫抗战将士总会名称虽然不同，但所做工作大同小异，合并为一个组织并由宋美龄出面领导全国妇女抗战工作更为有利。于是，由何香凝提议并经后援会理事会一致通过，将中国妇女抗敌后援会改名为中国妇女慰劳自卫抗战将士总会上海分会。两会的合并，反映了大敌当前中国妇女迫切希望联合与统一以便共同坚持抗战的强烈愿望。

1937 年 12 月，中国共产党中央长江局在武汉成立，由邓颖超、孟庆树等组成长江局妇女委员会，同时代表陕甘宁边区各界妇女救国联合会常驻武汉，负责领导长江局所辖区域的妇女运动。

武汉当时是国民政府的临时首都，全国的政治中心，全国各地妇女界人士群英荟萃。她们中有各大城市救国会的妇女领袖、妇女界社会活动家、文化艺术界知名妇女人士、宗教界的爱国妇女领袖，以及国民党的妇女工作者，等等。长江局妇女委员会在邓颖超的主持下，一方面利用中国共产党领导下的进步妇女刊物《妇女生活》、《战时妇女》等，大力宣传中国共产党关于抗日民族统一战线的主张，争取和团结广大妇女群众；同时尽可能地和各个妇女组织、各党、各派、各界妇女进行接触，广泛建立联系，为妇女界抗日统一战线的形成，做了大量工作。

1938年1～2月间，前线战事空前激烈，无辜儿童惨遭日军杀害，大批儿童父母双亡，无家可归。为了抢救难童，帮助他们成长，邓颖超等协助《妇女生活》杂志，召集李德全、史良、沈兹九、刘清扬、李文宜等妇女界知名人士，多次举行"抗战妇女座谈会"，筹议办法。经过一番酝酿，邓颖超与沈钧儒、郭沫若、李德全、刘清扬、沈兹九等联络国民党、其他各党派以及社会各界知名人士184人联名发起，筹备建立中国战时儿童保育会。

1938年3月10日，中国战时儿童保育会在汉口正式成立。大会推选宋美龄为理事长，李德全为副理事长。国共两党及无党派的社会知名爱国妇女56人为理事。邓颖超被推选为常务理事。战时儿童保育会，是国共合作实现后，由中共领导的第一个统一战线性质的妇女群众团体。

战时儿童保育会成立后，积极开展工作，主要是：奔赴前线抢救战地受难儿童；筹备各地分会，扩大儿童保育工作；筹设保育院，收容难童；广泛进行募捐活动，为儿童保育筹集经费。

战时儿童保育会成立不久，江西、广东、四川、安徽、福建、浙江、广西、湖南、陕甘宁边区、香港和南洋等地区相继创设了 20 多个分会。总会及各地分会先后在汉口、重庆、成都、广西、湖南、广东、福建、江西、浙江、陕甘宁边区等地创建 53 个保育院，保救了约 3 万名儿童。

战时儿童保育会得到广大妇女的积极支持，同时随着它的成立及工作的开展，又有力地促进了妇女界抗日民族统一战线的进一步壮大。

1938 年 7 月 1 日，经过扩大改组的妇女指导委员会（1934 年成立于南昌），以新的面貌在武汉出现，改组后的妇女指导委员会，以抗战建国为宗旨，实现了妇女界左派进步人士、中间派人士和国民党人士的抗日联合，特别是容纳了一定数量公开和不公开的中共党员，从而使其成为一个实实在在的统一战线组织。邓颖超在 1939 年 9 月说："在第一期抗战，妇女无统一的领导机关，她们的行动是很难一致的。而在今天，在妇女指导委员会成立后……有了统一的行动。"宋庆龄也指出：妇女指导委员会，"在一开始就是一个真正的统一战线组织。国民党、共产党和无党派的妇女，站在平等的地位"。

自此，国统区的妇女运动进入了一个高潮时期，妇女指导委员会成立后，妇女界的团结日益扩大。妇指会通过其联络委员会，纵向联络妇指会各省分会，横向联络各抗日妇女团体，经常举行各类妇女团体联席会议。比如基督教女青年会、难民妇女服务团、东北救亡总会妇女工作委员会、回民妇女救国协会等，都经常参加联席会议。这些活动，对于促进妇女界团结抗日，起了积极的推动作用。

为了改善妇女生活，妇女指导委员会先后在各地设立了战区妇女收容院、妇女咨询处、妇女服务处等机构，并开设了蚕丝实验区、纺织实验区，创办了由抗属和难民做工的各种工厂。

为了提高妇女的社会地位，在中共南方局妇委的推动下，妇指会还联络妇女界先后举行了 7 次宪政问题座谈会，促进了妇女参政运动的发展。妇指会还针对国统区许多部门限制使用女工的事件，主持各妇女团体联席会议，呼吁社会各界人士联合起来，敦促政府有关当局撤销限用女工的条令，终于使政府当局作了让步。

 解放区妇女与党的"四三"决定

与国统区相比，解放区的妇女组织工作更为突出。

1937 年 7 月，陕甘宁边区党委发布《关于妇女组织的决定》，号召组建各级妇女抗日救国联合会。9月，陕甘宁边区党委又发布《关于边区妇女群众组织的新决定》，决定建立各界妇女联合会，以便将第二次国内革命战争时期苏维埃政权下的女工农妇代表会，改建为不分阶级、不分党派的妇女统一战线组织，并成立了以李坚真、史秀云为正、副主任的陕甘宁边区各界妇女联合会筹备委员会，领导边区妇女自下而上用民主方式选举产生了区、县妇女联合会。在此基础上，1938 年 3 月 8 日，陕甘宁边区第一次妇女代表大会在延安师范学校隆重召开，宣告陕甘宁边区各界妇女联合会正式成立。从此，边区妇女组织由苏维埃制度下的阶级组织，转变为除卖国贼外，凡15岁以上女性都可以加入的各阶层妇女广泛联合的抗日妇女统一战线组织。

此后，党的各级妇女领导机构及解放区妇女群众的统一战线组织普遍建立起来，从而为妇女工作广泛深入地开展，奠定了坚实的组织基础。

在中国共产党领导下组织起来的解放区妇女，以无比高涨的爱国热情，投入了支援抗战和建设根据地的各项活动。为了保证持久战的兵源，她们无私地送自己的亲人上前线。母亲叫儿打东洋，妻子送郎上战场，未过门的媳妇冲破封建习俗到婆家动员未婚夫参军，并且主动承担照顾未来公婆的责任。在大批男子上前线后，妇女挑起了后方生产的重担，千方百计发展经济，为战争提供尽可能充足的给养。仅1941年陕甘宁、晋冀鲁豫、晋西北三个地区的妇女就开荒59万多亩，植树57万多株，养猪15万多头。她们还全力为抗日军队提供各类后勤服务。她们省吃俭用，节衣缩食，购买公债，交纳公粮，运送物资，缝制衣物，为伤病员洗伤换药，喂水喂饭，在伤员遇到危险时，还要挺身而出，不惜用性命保护伤员。据不完全统计，1938、1939年两年时间，陕甘宁边区妇女就组成看护队1600多个，缝衣队825个；1940年，在晋察冀解放区的冀中区，有384万妇女为前线服务，占该区妇女的80%。为了伤病员的生命安全，年轻的媳妇挤出自己的乳汁，年过半百的妇女迈着小脚在山路上抬担架，未婚的姑娘在敌人的刺刀下把伤员认作自己的丈夫，各解放区涌现出的"子弟兵母亲"、"军队人民的好母亲"、"英雄母亲"、"伤兵母亲"等拥军抗敌模范，真是数也数不清。

还有许多妇女拿起武器，直接参战。1938年，陕甘宁边区女自卫军人数达4.6万多人。1940年，陕甘宁、晋察冀、晋冀鲁豫和山东解放区的部分地区，有女自卫队员158万多人。女自卫队员和女民兵不仅在军事斗争中赤胆忠心，骁勇善战，而且在不幸落入敌人魔掌后，在惨绝人寰的酷刑折磨面前，坚强不屈，视死如归。

例如，河北省望都县柳坨村的17位女自卫队员被日伪军抓捕后誓不投降，敌人用针刺她们，用烧红的铁条烙她们，用打碎口的玻璃瓶扣在她们的乳房上用力拧转，用沸腾的开水浇她们的头。女自卫军中队长王俊英，被敌人用铁钳拔掉了一个乳头，她晕死过去又醒来时，仍拼着微弱的气息，带领队员呼喊："八路军万岁！打倒汉奸政府！"敌人把她们折磨了10天，始终一无所获，便把她们与24位男同志一起活埋了！为了祖国母亲的安全，有多少中华好女儿献出了青春与生命，王俊英就是这无数中华好女儿中的一位。

在发动广大妇女积极投身抗日战争的同时，解放区的抗日民主政府始终关心帮助妇女不断冲破封建束缚，实现自身的自由和解放。1939年4月，陕甘宁边区政府率先颁布了抗日民主政权下的第一个婚姻条例，

妇女运动史话

其总则规定："禁止包办强迫及买卖婚姻，禁止童养媳及童养婚"，"禁止纳妾"，"实行一夫一妻制"。在民主政府的支持下，各级妇女救国会曾经为许多妇女解除了不合理的封建婚姻关系，自由婚姻逐渐推行开来。

当时，许多地方仍然沿袭着摧残妇女身心健康的缠足恶习。1939 年 8 月 1 日，陕甘宁边区政府颁布了《禁止妇女缠足条例》。其中规定：凡边区 18 岁以下妇女，一律禁止缠足。40 岁以下缠足妇女立刻放足。40 岁以上妇女劝令放足，不加强制。并规定："凡借农妇落后意识造谣滋祸破坏本条例之执行者，须按照情节轻重给以处罚。"边区还明确发布训令："此项工作将作为近日考察各县政绩尺度之一。"

此后，在陕甘宁边区开展了大规模的反缠足运动，一半以上的妇女放足，幼女从此不再受缠足束骨之苦。在华北、华中各根据地，抗日民主政权和妇女群众团体，也开展了禁缠足活动。千百万妇女扔掉了裹脚布，穿着"解放鞋"站立起来，迈开大步，投入抗日救国热潮，成为一支浩浩荡荡的抗日大军。可以说抗战的全面胜利，有男同胞的一半，也有女同胞的一半。

1942 年，陕甘宁边区妇女在整风运动中迎来了三八妇女节。中央妇委书记蔡畅请毛泽东为《解放日报》三八妇女节特刊题词。毛泽东挥笔写下了八个大字："深入实际，不尚空谈"。不久，中央妇委号召各级妇女组织大兴调查研究之风。通过深入调查研究，中央妇委进一步认识了妇女参加经济生产对根据地建设、对妇女自身解放的重大意义，并及时向中央提出了根据地妇女工作新方针的建议，为中共中央起草了《关于各抗日根据地目前妇女工作方针的决定》。经毛泽东亲自审改后，《解放日报》于 1943 年 2 月 26 日全文发表，史称"四三"决定。

"四三"决定明确指出：组织妇女参加生产，是各抗日根据地妇女工作的新方向。"广大妇女的努力生产，与壮丁上前线同样是战斗的光荣的任务。而提高妇女的政治地位、文化水平、改善生活，以达到解放的道路，亦须从经济丰裕与经济独立入手"。因此，"四三"决定要求妇女干部消除轻视经济、生产工作的错误观点，改变工作作风，深入群众，发动、组织和指导广大农村妇女开展各种形式的生产活动。

1943 年 3 月 8 日，《解放日报》以代论的形式发表蔡畅的文章——《迎接妇女工作的新方向》，吹响了向生产领域进军的战斗号角。"四三"决定犹如一股强劲的东风，吹遍了每一个敌后抗日根据地。妇女生产运动在各抗日根据地勃然而兴。

蓬蓬勃勃兴起的妇女生产运动，不仅为中国伟大的抗日民族战争提供了必不可少的物资保障，而且使广大妇女在创造性的各种各样的生产斗争中得到了锻炼和考验，使她们自身的素质大为提高，从而促进了妇女解放运动向纵深发展。

七　解放战争赢得解放

 为争取和平民主而奋斗

抗日战争胜利后，中国共产党号召全国人民团结一致，为防止内战、争取实现和平民主而斗争。

根据党的指导方针，1946 年 3 月 7 日，《解放日报》发表纪念三八节社论——《中国妇女今后的任务》，向中国妇女指明了为争取实现和平民主、团结统一而奋斗的具体任务，要求解放区的妇女积极参加各种民主建设工作，建立、巩固民主政权，积极参加生产建设；号召国统区的广大妇女团结起来，为建立民主的统一战线，为实现和平建国纲领、反对法西斯反动分子的破坏而斗争。次日，延安各界妇女代表 1000 余人，在边区参议会大礼堂隆重纪念抗战胜利后的第一个三八妇女节，中央妇委书记蔡畅、朱德总司令、林伯渠主席出席会议并讲了话。大会呼吁全国姐妹携起手来，为巩固和平、争取民主而奋斗到底。

但是，1946 年 6 月，蒋介石却公然撕毁停战协定，大举进攻中原解放区，挑起内战。中国共产党领导解放区军民奋起自卫，英勇抗击蒋介石国民党军队的进攻。严峻的形势给解放区妇女提出了新的历史使命。1946 年 11 月 15 日，解放区妇女联合会筹委会主任蔡畅、副主任白茜联名发表《解放区妇女当前的任务》，号召解放区妇女"动员起来，集中一切力量，参加及支持自卫战争"。随后，中共中央在《对目前妇女工作的指示》中，将解放区妇女在解放战争时期的任务具体化为"参加土改、支前、生产、管理政权"四个方面。于是经受了八年抗战严峻考验的解放区广大妇女群众，又火一般地投身于土地改革、支援前线和发展生产等各项工作中，成为解放战争与解放区建设中的一支重要力量。

在 1945 年底到 1946 年初解放区普遍开展的减租减息、反奸清算斗争中，广大农村妇女始终站在斗争的第一线。妇女们吐苦水，挖穷根，对恶霸地主进行血泪控诉，有力地推动了反奸清算斗争。冀东三河镇东错桥村 200 多名妇女团结起来，斗争拥有 3 顷土地的日伪团长张涟及其走狗张淇，当即将他的"黑地"和粮食分给贫农抗属。苏皖清江市孔庙镇的田素珍，亲自动员妇女，领导了一个约 400 人的说理斗争会，使顽固不化的汉奸地主低头认罪。孔庙镇的徐君慧是副镇长的妻子，她和丈夫一起不徇私情，当地主用大叠钞票想求她在镇长面前说情逃避斗争时，受到她的严厉斥责。齐齐哈尔市对恶霸王二虎的斗争，是一个烧窑女人石老太太领导的。她向王二虎讨还了 14 年的剥削债，又将清算所得的 18.6 万元全部捐献出来，创办了"万山小学"。在反奸清算斗争中，还涌现出一批很有领导水平的妇女干部，危拱之就是她们中的一个代表。1945 年 11 月，危拱之随军向东北进发，到达刚刚解放的热河重镇赤峰，被任命为赤峰市委副书记。她白天主持反奸清算斗争大会，夜间亲自指挥镇压反革命分子的破坏活动，带领公安战士扑灭了暗藏敌人的数起暴动，使市内生产生活秩序迅速恢复。1946 年 6 月，解放军与国民党军队在孤山子展开激战，危拱之身先士卒，指挥市属警卫部队迷惑敌人，有效地配合了主力部队的进攻。同年年底，冀热辽中央分局任命危拱之为妇女部长。不久，她到乌丹地区，亲率警卫连进驻斗争最复杂的广德公村，一举全歼了 30 多人的国民党特工队，被当地人民传为佳话。

　　1946 年下半年，各解放区普遍进行了轰轰烈烈的土地改革运动。各解放区妇女又一马当先地参加了土地改革斗争。例如，山东胶东地区有 50 万妇女参加土改，分地 50 万亩。鲁南某县妇女提出"男子支援前线，女子积极分田"，一个月内就完成了土改任务。江西万年县新华乡妇女代表姚美娇驳斥那种依靠男人分田的思想说："如果我们自己不去参加分配，专靠男人，若不分给我们或给我们少的、坏的，那我们就要吃亏了"。"如果连自己分的田，还不知道在哪儿，是个什么样子，那怎么去翻身呢？"黑龙江、江西等省的妇女还对农会提出的不计算妇女人口、妇女出嫁不准带地、寡妇不分地、妇女劳力弱分一半地等侵犯妇女

土地权的主张，进行了坚决抵制，终于使农会改变了
这些错误决定，保护了妇女的权益。中共中央在土地
改革的过程中十分重视妇女的土地所有权问题，在结
束土改颁布土地证时，中共中央强调："要由政府明令
保障妇女的土地权。在以家庭为单位发土地证件时，
须在土地证上注明男女均有同等的土地权。全家成员
有民主处理财产之权，必要时，还可单独另发土地证
给妇女"。土地改革废除了地主阶级的封建土地所有
制，实现了农民的土地所有制，使中国妇女破天荒第
一次获得了土地所有权，从而铲除了妇女受压迫的经
济根源，为农村妇女的解放创造了物质前提。而广大
妇女直接参与土地改革的政治经济斗争实践，使她们
独立自主的意识进一步增强，当家做主的觉悟进一步
提高，极大地鼓舞了她们投入解放战争的积极性与主
动性。

为自卫战争的胜利而战

　　国民党反动武装的野蛮屠杀和奸淫，激起了广大
妇女的无比愤怒，她们为了保卫自己的人身和财产安
全，拿起武装与国民党军队、地主还乡团，展开了顽
强不屈的斗争。仅冀鲁豫一次扩军，妇女参军的就达
3000 人。苏皖区涟东县在半月中就发展了 2000 名女民
兵，山东有女民兵 22 多万人，女自卫队员 102 万余
人。她们在担负站岗放哨、交通联络、运输、抬担架、
扒铁路、破公路、修路筑桥、看押俘虏、带领群众转

移、配合地方政府打麻雀战等任务时，无不奋勇当先，以一当十。她们中还涌现出许多威震敌胆、视死如归的英雄。例如，在华东苏中地区，有位被姜堰区人民称为"我们的刘司令"的女民兵英雄刘虎成。她在家乡组织了一支20余人的联防队。一次，300余名国民党军包围了她的联防队。她们凭着地形熟悉，边打边转移，战斗了一整天，消灭了不少蒋军，而她的联防队却无一人伤亡。苏中姜埝还出了一位红枪女将李兰英。1947年7月，海安、泰州一带被蒋军侵占。李兰英毅然加入了乡武工队，由于机智胆大，不到一个月就成为名震海泰一线的女英雄。当地流传的一首歌谣说："土顽一到，心惊肉跳；李兰英一到，太平睡觉。"山西文水县云周西村共产党员刘胡兰，更是名留青史的女中豪杰。1947年1月，阎锡山的反动军队突然袭击云周西村，刘胡兰不幸被捕，敌人用铡刀威胁她，要她说出村里的共产党员。刘胡兰大义凛然，宁死不屈，在铡刀下英勇就义，年仅15岁。刘胡兰的英勇事迹使亿万追求翻身解放的人民感动不已。毛泽东亲笔题词悼念她："生的伟大，死的光荣"。

人民解放战争离不开人民的支援，而广大妇女则是支前的主力军。莱芜战役中，山东妇女日夜不停地赶办粮秣军需，一周内就准备了1000万斤熟食，数千斤柴草，送往前线。据不完全统计，战役期间，莱芜全县妇女共碾米磨面6000余万斤，直接送到火线的熟食5.5万斤，大毛子庄妇女冒着敌机扫射，将500斤煎饼一直送上火线。全县妇女为伤病员捐鸡蛋4万多斤，鸡 1682 只，挂面 2.17 万斤。1947 年太行百日纺织运动中，70 余万名妇女，在七八十天里纺织纱布670 余万斤，保证了军需。陕甘宁妇女在 1947 年胡宗南军进攻时，完成了 92 万双鞋子。在两年半的战争里，全解放区妇女共做军鞋 5000 万双左右。

解放战争开始以后，农村大批青壮年参军、支前，解放区妇女成为农村生产劳动的主力军。1946 年年底，晋察冀西满城、徐水、定兴、易县、涞水等县有 150万妇女代出征民兵抢收秋田。鲁中有些村半数以上的土地都是妇女耕种的。据两个乡四个区的统计，1947年参加春耕生产的妇女有 10267 人，占青壮年妇女总数的 80% ~ 90%。在一些地区，连过去从没有下过地的小脚女人都开始参加农业生产了。苏皖妇女联合会还提出一个响亮的口号："要得不荒田，妇女学耕田"。陕甘宁边区 1946 年有 7 万名妇女参加织布，16 万多名妇女纺纱，年产土布 11 万大匹，解决了全边区军民需用布匹的 1/3。山东解放区 1946 年在织 "保田布"、"反攻布" 的口号鼓舞下，全省妇女织布 500 万大匹，使军民被服用布自给有余。

可以毫不夸张地说，千百万妇女群众的大力支持与直接投入，千百万革命母亲与英雄妻子的无私奉献，是解放战争迅速取得全面胜利的重要因素。

 战斗在第二条战线上的广大妇女

1945 年 8 月 15 日，即日本帝国主义宣告投降的第二天，成立刚一个月的中国妇女联谊会即发表《时局宣言》，呼吁警惕内战、改组政府、保障人民的民主权利和实现男女平等。1946 年 3 月，中国妇女联谊会总会决定由重庆迁往南京，并派遣部分成员分赴各地组织分会。3 月 6 日，曹孟君、史良等发起成立了上海分会，7 月 7 日，刘清扬等发起成立北平分会。不久，在西南、华东、华北的许多省份和地区，都成立了妇女联谊会的分会。而且，各地的分会实际上突破了总会的范围，成为具有广泛群众基础的民主妇女组织。例如，上海分会以当时的 24 个妇女组织为团体会员，共联系各界妇女群众达 5 万多人。中国妇女联谊会由此成为解放战争时期国统区影响最为广泛的民主妇女组织，对国统区的民主运动和妇女解放运动起了重要的组织领导作用。

1945 年发生于昆明的"一二·一"运动，是抗战胜利后国统区人民反内战、争民主运动高涨的标志。而云南妇女联谊会，就是在"一二·一"惨案引起的反战民主高潮中诞生的。

1945 年 11 月 25 日，西南联大、云南大学、中法大学等校联合举行时事报告晚会，请进步教授费孝通作战后中国形势的报告。但云南当局调集军队包围了会场，向会场上空射击，并派特务混入会场捣乱。为了抗议云南当局的无理镇压，西南联大于次日宣布罢课。接着，全市 3 万名大中学生举行总罢课。12 月 1 日中午，西南联大师范学院三年级学生、中共秘密党员潘琰和她参加的西南联大第一宣传队的同学，遭到国民党省党部派来的暴徒的袭击。暴徒向手无寸铁的学生投掷三颗手榴弹，潘琰头部被击伤，腹部被炸伤，倚墙站立时又被暴徒用剑头铁棍连刺三下，立时倒地。当同学们赶来救护她时，她已奄奄一息，挣扎着说："同学们，团结呀！"她被送往医院抢救，但终因伤势过重而牺牲，弥留之际仍在呼喊"斗争！斗争！"潘琰与同在"一二·一"事件中牺牲的李鲁连、荀极中（又名张华昌）、于再，并称为"一二·一"四烈士。

"一二·一"惨案发生时，昆明以至国统区的各业各界，立即掀起了反内战、争民主运动的新高潮。惨案发生的第二天，云南妇女联谊会宣告正式成立。参加罢课斗争的学生马如瑛、李靖珠、徐菊英等，分别代表西南联大、云南大学和昆华女中的女同学参加了妇女联谊会的工作。李文宜被推选为妇女联谊会主席。会上通过了"反内战声援学生斗争宣言"、"为一二·一惨案抗议中国法西斯暴行向美国妇女呼吁书"。

云南妇女联谊会成立后，全力支援"一二·一"运动。她们将募集到的 16.7 万元捐款交给昆明市大中学生罢课联合委员会，并聘请一些有经验的教师义务为罢课学生补习功课。1946 年三八节期间，云南妇女联谊会演出了自编自导的话剧《潘琰传》，并与妇女旬刊社等 17 个单位共同筹办了纪念大会。会后，1000 多人列队前往西南联大吊唁四烈士，吊唁队伍行进中沿街张贴标语，一路高呼口号："云南各界妇女同胞团结起来共谋解放！""为潘琰烈士复仇！"这是昆明有史以

来的第一次妇女大游行。3 月 17 日，昆明各界为四烈
士举行葬礼。云南妇女联谊会设了路祭，写了祭文。
在 3 万多人的送殡队伍中，不仅有女学生、女教师，
还有许多女公务员和农村妇女。为悼念潘琰等四位烈
士，昆明妇女团体和知识妇女写了许多挽诗挽联。最
能代表当时昆明各界妇女心声的，是妇女旬刊社所拟
的一副挽联：

　　　　大学生何负国家，除军阀，打汉奸，争自由，
反内战，流血以殉主张，南北争先，昆市荣名继
燕市；
　　　　弱女子效忠民族，离慈母，赴戎行，抗暴徒，
护朋友，至死犹呼团结，东西辉映，琰娘英武似
丹娘。

　　昆明"一二·一"运动，是国统区人民反内战、
争民主运动的新起点。从此，分散、自发的斗争开始
转变为有组织的斗争。
　　日益觉醒的中国妇女，在反内战、争民主运动的
过程中，还带头组织发起抗议帝国主义暴行的抗暴运
动，积极参与各地人民维护生存权、反饥饿、反迫害
的斗争，终于将帝国主义殖民侵略势力与蒋介石国民
党反动派投入了人民革命的熊熊火海之中。而千百万
饱受摧残折磨压制之苦的中国女性，则在埋葬旧社会、
孕育新天地的漫天大火中，经受了历史性的陶冶、熔
炼，实现了凤凰涅槃般的再生！

4　在国际舞台上亮相

　　在国内坚持进行反内战、争民主斗争的同时，中国妇女还为能在国际舞台上登台亮相、发挥作用而进行了顽强的斗争。

　　世界反法西斯战争结束后，民主国家的妇女组织迫切希望联合起来，共同促进世界的民主与和平。于是，由法国妇女同盟发起，法、英、美、苏等 41 个国家的妇女代表于 1945 年 11 月在巴黎召开了国际妇女代表大会，并成立了常设机构——国际民主妇女联合会。该会决定给中国分配 5 位理事、3 位候补理事的名额，其中解放区理事 2 人、候补理事 1 人。1946 年 4 月，各解放区妇女团体推举蔡畅、邓颖超为理事，丁玲为候补理事。

　　5 月中旬，国际民主妇联电邀邓颖超参加 6 月 27 日在巴黎召开的第一次理事会。邓颖超当即向南京国民党政府外交部请领护照。外交部推脱此事归社会部管辖，社会部又借口必须有中国驻法大使钱泰的证明才能办理出国手续。邓颖超一方面请当时一道到南京的中共代表团团长周恩来致电钱泰大使出具证明，一面致电国际民主妇联请求帮助，并先后两次在南京举行记者招待会，披露有关情况，争取社会舆论的支持。国内舆论界群起声援，国际民主妇联秘书长也接连四次到中国驻法大使馆催请准许邓颖超到会。但是，国民党当局有意刁难、拖延。直到 6 月 22 日，离巴黎理事会开会只有 5 天，才由社会部次长出面答复说："驻法大使来电，谓时间迫促，且无出席必要。"国民党政府蛮横阻挠解放区代表出席国际妇女会议的卑劣用心，至此和盘托出。为此，邓颖超向记者发表谈话，提出严正抗议。她指出，她是中国解放区妇女选出的代表，并不是国民党政府派遣的代表，因此，有无出席必要，国民党政府无权决定。南京政府拒发护照，纯系剥夺人民旅行集会自由的举动。同时，她致电国际民主妇联主席戈登夫人，通报受阻情况，表示"其责任自应由中国政府负之，这证明中国人民无自由，政治不民主，特向你们呼吁并表示遗憾"。

国民党政府阻挠解放区妇女代表出席国际民主妇联理事会一事，激起了解放区、国统区广大妇女的普遍义愤，纷纷向国民党政府提出严正抗议。6 月 22 日，重庆《新华日报》发表的题为《为啥不让邓先生出国》的署名文章指出："邓、蔡、丁三女士之能当选国际妇女联合会的执委"，"是八年抗战中我国数万万男女同胞英勇地反法西斯，争取和平民主，付出若干牺牲代价的结果"。"我们要向各界呼吁，要忠告政府，不要为了党派成见丧失妇女界的光荣和国际荣誉！"7 月 6 日，延安《解放日报》发表陕甘宁边区各界妇女联合会致邓颖超的声援信，表示："你是得到全解放区妇女界的爱戴与拥护选出的代表"，"我们代表全边区的妇女对此无理阻挠，特向巴黎国际妇联及全国妇女界提请声援，并请你向国民党政府当局提出我们的严重抗议"。7 月 15 日，山东《大众日报》发表了山东省妇联对国民党政府的抗议电。接着，全国各地许多报刊，纷纷就此事发表通电、宣言和文章，形成了反对国民党政府的强大浪潮，充分显示了解放区与国统区妇女团结战斗的威力。

一波未平，一波又起。7月30日，邓颖超和宋庆龄又接到参加10月份在美国纽约召开的国际妇女会议的请柬。这次国际妇女会议是根据联合国社会经济委员会下设的妇女小组的提议，由罗斯福夫人发起，美国19个妇女团体共同组织的。会议将围绕妇女如何为实现联合国宣言而奋斗这一主题，讨论四个方面的问题，即：我们生活在一个怎样的政治世界里？我们生活在一个怎样的经济世界里？我们要为争取怎样的社会秩序而奋斗？我们所在的这个世界的精神与道德的情况如何？在美国政府或明或暗帮助中国、菲律宾、西班牙、南美等地的反动势力进行反人民的内战的时候，针对上述议题提供中国的真实情况，促使国际妇女界更加清醒地认识战争的危害，更加坚定地促进世界和平，是很有意义的。特别是对于加强中美两国妇女之间的了解与团结，对于反对两国政府的错误政策，停止中国内战，更是十分必要的。正由于此，邓颖超在接到请柬后即表示："我得到这个通知的时候，觉得是接受了一个光荣的任务。应很好地为中国和世界妇女服务，应向全国妇女说明，使大家知道这个会议的种种。"尽管一个月后，国际民主妇联又通知邓颖超参加10月在莫斯科举行的第二届理事会，她仍然决定参加在美国召开的这次国际妇女会议。

对于宋庆龄、邓颖超被邀请出席国际妇女大会，各地妇女表示热烈拥护、坚决支持。山东省妇联致宋庆龄、邓颖超的电文反映了全国妇女的共同心声。电文说："国民党反动派调动大军在美械装备下大规模地向我解放区进攻，到处肆意屠杀和平居民与蹂躏妇女。美国反动派则干涉中国内政，助蒋扩大内战。我全山东人民与妇女切盼全世界一切正义人士的援助。这次您们的出席国际会议，是代表我们中国妇女的公意"。"我们希望您们转告全世界妇女，来援助我们中国妇女争取和平民主"。

然而，国民党政府故技重演，对邓颖超的出国申请再次百般阻挠刁难。8月8日，邓颖超向外交部、社会部同时提出发给护照的要求。外交部答复说要社会部核准，社会部则迟迟不予答复。为了抓紧时间准备，邓颖超一面继续敦促国民党政府签发护照，一面发动全国妇女同胞为大会提供材料。她两次在记者招待会上发表谈话，并于9月4日在上海发出告全国女同胞书，提出一个讨论提纲，就以下四个问题征集意见，即：我们生活在怎样的政治经济的世界里；中国形势与美国对华政策；今天中国妇女所受的压迫与痛苦；我们的要求和努力（例如，如何消除造成中国妇女痛苦遭遇的一切政治的、经济的、社会的障碍等等）。第二天，上海17家中英文报纸以及北平、重庆、香港等许多地方的报纸，都刊登了邓颖超的告全国女同胞书。

邓颖超的告全国女同胞书和讨论提纲公布后，全国各地的妇女进行了广泛而热烈的讨论。参加讨论的不仅有女界名流、女作家、女记者、女教师、女医生、女学生、女公务员、女护士、女工，而且有抗属、家庭妇女及失业妇女等等。重庆新华日报馆的 37 名女职工，"像一池被风吹起了波纹的水，老是宁静不下来。一谈起颖超大姐征求意见的事，便兴奋得像要沸腾起来一样"。她们利用半个月的工余时间写成了《本报全体妇女职工致宋庆龄先生邓颖超同志的一封信》。到 10 月初止，宋庆龄、邓颖超共征集到 2000 多名妇女的意见。邓颖超从中汇集整理出《全国妇女界意见的总结》这一重要文献，连同全面介绍 1937 ~ 1946 年解放区妇女运动的《中国解放区妇女运动情况报道》，一起提交国际妇女会议。

1946 年 10 月，国际妇女会议如期在纽约召开。中国被邀代表之一的邓颖超却因国民党政府的无理阻挠，未能到会。她只好委托恰在此时随冯玉祥赴美考察水利的李德全，代她出席会议并发表演说。李德全的演说受到出席会议的各国妇女代表的热烈欢迎，邓颖超汇集的两份材料也受到会议的高度重视。会议开幕前，邓颖超还特别致函罗斯福夫人和国际妇女会议指导委员会主席卡特尔夫人，介绍中国妇女的意见说：中国妇女目前最迫切的要求，是希望中美两国政府立即纠正其错误政策，停止中国内战。因为"中国的内战能否迅速停止，决定于中国人民的斗争，决定于中国国民党政府能否立即放弃内战与一党独裁的现行方针，亦决定于美国政府能否立即改变它现行的错误的对华政策"。她们"请求美国的姊妹召回她们的丈夫和儿子，不要参加中国内战作无谓的牺牲"。

邓颖超虽然未能出席两次国际妇女会议，但她发动和领导的这场为中国妇女争取民主权利的斗争，不仅得到了中国解放区与国统区广大妇女的积极响应，而且得到了世界民主妇女的热烈支持，其影响和意义是十分深远的。

1947年2月，蔡畅由东北前往捷克斯洛伐克首都布拉格，出席国际民主妇女联合会布拉格理事会。这是中国解放区妇女的代表第一次在国际舞台上亮相。蔡畅在会上作了题为《为争取独立、民主、和平而奋斗的中国妇女》的报告。报告向全世界揭露了蒋介石反动政权在美国支持下发动全面内战的罪恶行径和在华美军的暴行，介绍了国统区妇女反对内战、争取和平的斗争及解放区妇女支援自卫战争、参加生产和政权建设、从事儿童保育工作的情况。并呼吁全世界爱好和平的妇女声援中国人民，反对美国政府援助蒋介石打内战的反动政策，要求美国政府立即撤回驻华美军，立即停止一切对蒋介石的援助。蔡畅的报告，打破了国民党政府长期以来对解放区消息的封锁和歪曲，引起了与会者的注意和重视，获得国际民主妇女的广泛同情和支持。国际民主妇联决定将蔡畅的报告全文寄送美国各妇女团体并致函罗斯福夫人及美国妇女团体，要求她们支持中国妇女争取和平与民主的运动。

1948年12月，国际民主妇联第二次代表大会在匈牙利首都布达佩斯召开。蔡畅率团出席了这次大会，并作了《关于亚洲各国妇女民主运动发展》的报告。

蔡畅在报告中指出：中国人民斗争胜利的经验对其他被压迫的人民是一个光辉的范例，对于各国人民是一种鼓舞，将激起他们为解放而斗争的热忱。全世界人民只要团结一致，就有力量粉碎美帝国主义的侵略政策，争取和平民主的胜利。

由于中国人民革命斗争所获得的辉煌胜利，中国代表团受到与会各国代表的热烈欢迎和尊敬。大会在《国际妇女运动在争取和平与民主斗争中的任务》、《保障妇女的政治经济权利》等报告中，对中国妇女在为民族独立、自由的事业中进行的艰苦卓绝的斗争，对于解放区妇女组织在民主政权下摸索和创造出的适合中国实际的崭新妇女运动经验给予充分肯定和高度赞扬。

国际民主妇联第二次代表大会决定：1949 年将在解放了的中国召开亚洲妇女会议。这一决定表明世界民主妇女对中国革命斗争必胜的信心，表明中国妇女国际威望的空前提高。中国妇女解放运动的成就与经验，对世界民主妇女运动的发展起到了不容忽视的推动作用。

中国妇女第一次全国代表
大会胜利召开

随着中国人民解放战争的步步推进，蒋家王朝的末日日渐来临。

1947 年 7～9 月，以中国人民解放军的三路大军南下作战为标志，解放战争转入了战略进攻阶段。1948
年9月至1949年1月，中国人民解放军又取得了辽沈、
淮海、平津三大战役的胜利。至此，蒋介石赖以发动
内战的精锐部队丧失殆尽，埋葬蒋家王朝已指日可待。
1949年2月，人民解放军百万雄师挺进长江。新中国
已如喷薄欲出的朝阳，诞生在即。两万万妇女同胞与
全国人民一样，怀着无限欢欣喜悦的心情，准备迎接
人民共和国的诞生。

　　1948年9月20日至10月6日，中共中央在西柏
坡召开了全国妇女工作会议。出席会议的代表，有来
自陕甘宁、华北、华东、东北各解放区的妇女干部，
也有历尽千辛万苦从国统区辗转而来的妇女工作者，
共85人。大会由中央妇委代理书记邓颖超主持，中央
领导人刘少奇、周恩来、朱德出席并作了重要报告。
这次会议的主要任务是：总结抗日战争特别是土改以
来各解放区妇女工作的经验，研究全国胜利后妇女工
作的方针和任务，并为全国民主妇女联合会的成立及
第一次全国妇女代表大会的召开作准备。

　　大会期间，邓颖超作了《关于解放区农村妇女
工作的几个主要问题》的报告。中央妇委委员杨之
华、李培之、罗琼分别就婚姻问题、妇女干部问题
及妇女参加生产问题作了专题报告。代表们根据大
会报告，结合各地妇女运动的实际与经验，展开了
热烈深入的讨论。大会认为：解放区农村妇女工作
的中心环节是动员和组织广大妇女群众参加生产，
不论目前或者全国胜利以后都应作为重要任务。大

会针对一些地区取消妇女群众单独组织的情况强调，各地各级都应建立妇女代表会议及其委员会；会议还要求各级党委加强对妇女工作的领导，并大力培养妇女干部。

不久，中共中央在全国妇女工作会议的基础上，作出了《关于目前解放区农村妇女工作的决定》。《决定》强调："为适应全国革命发展的需要，集中妇女的战斗力量，解放区妇女团体应当努力去联合全国一切反对美帝国主义、反对封建主义、反对官僚资本主义的妇女，共同为驱逐美帝国主义出中国，打倒国民党反动统治，建立统一的新民主主义的人民共和国而奋斗。"同时作出了"于 1949 年冬季召开全国妇女代表大会，成立全国民主妇女联合会"的决定。

1949 年 3 月 24 日，中国妇女第一次全国代表大会在北平中南海怀仁堂隆重开幕。出席会议的妇女代表共 466 人，其中有城市女工，有农村劳动妇女，有女干部、女战士、女知识分子和各个岗位上的职业妇女，有各民主党派和各种不同宗教信仰的民主妇女，还有少数民族妇女，集中了中华民族的优秀女儿。这次大会是中国妇女有史以来第一次全国规模的盛大会议，是解放区妇女与国民党统治区进步妇女的大会师。大会主席团由蔡畅、邓颖超、李德全等 55 人组成，蔡畅为总主席。中共中央向大会发了贺电。党中央领导人毛泽东、刘少奇、周恩来、朱德、任弼时为大会题了词。毛泽东的题词是："为增加生产，为争取民主权利而奋斗"。

大会开幕典礼隆重而热烈。蔡畅致开幕词后，中共中央代表董必武，中共华北局代表周扬，民主党派和无党派人士李济深、沈钧儒、马叙伦、郭沫若、柳亚子，中华全国总工会代表许之桢，农民代表朱富胜，新民主主义青年团及青年联合会代表蒋南翔，北平市党政军机关代表赵振声等致词祝贺。妇女代表李秀真、许广平向来宾致答词。最后宣读了各方面的贺电。国际民主妇联也给大会发来了贺电。

这次大会的目的是：制定中国妇女运动当前的方针任务，成立全国妇女运动的领导机构，交流各地妇女工作经验，从而加强全国妇女的团结，推动全国妇女运动的开展，使广大妇女为新中国的建立作出更大的贡献。

邓颖超代表中共中央妇委，在大会上作了《中国妇女运动当前的方针任务报告》。报告回顾了中国妇女自五四运动以来所走过的历史道路，深情地称赞中国妇女在为民族独立、为民主自由及为妇女自身解放的伟大斗争中，不屈不挠，前赴后继，对中国革命作出了巨大的贡献，成为战胜敌人、建设新中国不可或缺的力量。她还提议，为了加强与国际民主妇女运动的联系，"让我们把世界第二次妇女代表大会的誓言，作为我们的誓言：'彻底消灭法西斯主义，为人类的正义与持久和平，为制止任何新的侵略而奋斗！'"

大会还听取了蔡畅关于《世界民主妇女运动的现状及其任务报告》、李德全关于《国民党统治区民主妇女运动报告》以及各地区各方面的48位妇女代表的大会发言，进行了热烈的讨论交流。

大会通过的《中国妇女运动当前任务的决议》提出，中国妇女运动的总任务是：把反对帝国主义、封建主义、官僚资本主义的斗争进行到底；完全肃清国民党反动残余势力，建立统一的人民民主共和国，完成新民主主义革命。大会制定的中国妇女运动的方针是：在不忽视乡村妇女工作的条件下，以城市妇女工作为重心。"其工作对象应以先进阶级的女工为主，团结其他劳动妇女，争取女知识分子及其他各阶层妇女。其工作任务主要是发动和组织妇女参加适合于城市经济建设的各种生产事业"。

大会选举产生了中华全国民主妇女联合会执行委员会。共选出执行委员 51 名（另留空额 4 名给未解放地区）、选出候补执行委员 21 名（留空额 2 名）。执委会邀请何香凝为中华全国民主妇女联合会名誉主席；选举蔡畅为主席，邓颖超、李德全、许广平为副主席；选举蔡畅等 17 人为常务委员。至此，中国历史上第一个全国统一的妇女组织正式宣告成立。

中国妇女第一次全国代表大会的召开和中华全国民主妇女联合会的成立，是中国妇女参加反对帝国主义、封建主义和官僚资本主义斗争的胜利成果。它向全世界表明：中国各族各界妇女已经在中国共产党领导之下，实现了前所未有的大团结。预示着中国妇女解放运动，即将揭开更加灿烂的新篇章。

中国妇女第一次全国代表大会召开之时，中国人民的解放战争已进入了夺取最后胜利的阶段。4 月 21日，毛泽东主席和朱德总司令向人民解放军发布了向全国进军的命令。百万雄师过大江，于 23 日胜利占领南京。蒋介石反动政权在大陆的统治土崩瓦解。

在解放大军向全国各地推进的同时，规划新中国建设蓝图的中国人民政治协商会议于 1949 年 9 月 21 日在北平召开。中华全国民主妇联是参加政协筹备会的 45 个单位之一，有 69 名妇女代表参加了第一届全国政协全体会议，11 名妇女人士当选为全国政协委员。杰出的妇女领袖宋庆龄当选为中华人民共和国中央人民政府副主席；何香凝、蔡畅当选为中央人民政府委员会委员。3 名妇女被任命为中央人民政府的女部长。她们是：司法部长史良，卫生部长李德全，纺织部副部长张琴秋。正如邓颖超在大会发言中所指出的，"中国人民政治协商会议，它标志着全国人民大团结，它开辟了中国妇女政治地位上的新纪元"。

中国人民政治协商会议通过的具有临时宪法性质的历史文献——《共同纲领》明确规定：彻底废除压制、摧残妇女的封建制度，"妇女在政治的、经济的、文化教育的、家庭的、社会生活的各方面，均有与男子平等的权利，实行男女婚姻自由"。

数千年来中国妇女被奴役、被压迫的历史从此结束了，中国妇女的生存史、发展史，真正揭开了新的一页。

1949 年 10 月 1 日，中华人民共和国成立。

中国人民从此站起来了！

中国妇女从此站起来了！

中国妇女永远不会忘记：1949 年 10 月 1 日，既是人民共和国的诞辰，也是她们的共同"生日"。

# 参考书目

1. 陈东原著《中国妇女生活史》，商务印书馆，1928。

2. 刘巨才著《中国近代妇女运动史》，中国妇女出版社，1989。

3. 中华全国妇女联合会编《中国妇女运动史》，春秋出版社，1989。

4. 郑永福、吕美颐著《近代中国妇女生活》，河南人民出版社，1993。

5. 黄新宪著《中国近现代女子教育》，福建教育出版社，1992。

6. 中华全国妇女联合会妇女运动历史研究室编《中国近代妇女运动历史资料（1840～1918）》，中国妇女出版社，1991。

7. 中华全国妇女联合会妇女运动历史研究室编《中国妇女运动历史资料（1921～1927）》，人民出版社，1986。

8. 中华全国妇女联合会妇女运动历史研究室编《中国妇女运动历史资料（1927～1937）》，中国妇女出版社，1991。

9. 中华全国妇女联合会妇女运动历史研究室编《中国妇女运动历史资料（1937～1945)》，中国妇女出版社，1991。

10. 中华全国妇女联合会妇女运动历史研究室编《中国妇女运动历史资料（1945～1949)》，中国妇女出版社，1991。

《中国史话》总目录

系列名	序号	书名	作者	
物质文明系列（10种）	1	农业科技史话	李根蟠	
	2	水利史话	郭松义	
	3	蚕桑丝绸史话	刘克祥	
	4	棉麻纺织史话	刘克祥	
	5	火器史话	王育成	
	6	造纸史话	张大伟	曹江红
	7	印刷史话	罗仲辉	
	8	矿冶史话	唐际根	
	9	医学史话	朱建平	黄　健
	10	计量史话	关增建	
物化历史系列（28种）	11	长江史话	卫家雄	华林甫
	12	黄河史话	辛德勇	
	13	运河史话	付崇兰	
	14	长城史话	叶小燕	
	15	城市史话	付崇兰	
	16	七大古都史话	李遇春	陈良伟
	17	民居建筑史话	白云翔	
	18	宫殿建筑史话	杨鸿勋	
	19	故宫史话	姜舜源	
	20	园林史话	杨鸿勋	
	21	圆明园史话	吴伯娅	
	22	石窟寺史话	常　青	
	23	古塔史话	刘祚臣	
	24	寺观史话	陈可畏	
	25	陵寝史话	刘庆柱	李毓芳
	26	敦煌史话	杨宝玉	
	27	孔庙史话	曲英杰	
	28	甲骨文史话	张利军	
	29	金文史话	杜　勇	周宝宏

系列名	序号	书　名	作　者
物化历史系列（28种）	30	石器史话	李宗山
	31	石刻史话	赵　超
	32	古玉史话	卢兆荫
	33	青铜器史话	曹淑琴　殷玮璋
	34	简牍史话	王子今　赵宠亮
	35	陶瓷史话	谢端琚　马文宽
	36	玻璃器史话	安家瑶
	37	家具史话	李宗山
	38	文房四宝史话	李雪梅　安久亮
制度、名物与史事沿革系列（20种）	39	中国早期国家史话	王　和
	40	中华民族史话	陈琳国　陈　群
	41	官制史话	谢保成
	42	宰相史话	刘晖春
	43	监察史话	王　正
	44	科举史话	李尚英
	45	状元史话	宋元强
	46	学校史话	樊克政
	47	书院史话	樊克政
	48	赋役制度史话	徐东升
	49	军制史话	刘昭祥　王晓卫
	50	兵器史话	杨　毅　杨　泓
	51	名战史话	黄朴民
	52	屯田史话	张印栋
	53	商业史话	吴　慧
	54	货币史话	刘精诚　李祖德
	55	宫廷政治史话	任士英
	56	变法史话	王子今
	57	和亲史话	宋　超
	58	海疆开发史话	安　京

系列名	序号	书名	作者		
交通与交流系列（13种）	59	丝绸之路史话	孟凡人		
	60	海上丝路史话	杜 瑜		
	61	漕运史话	江太新	苏金玉	
	62	驿道史话	王子今		
	63	旅行史话	黄石林		
	64	航海史话	王 杰	李宝民	王 莉
	65	交通工具史话	郑若葵		
	66	中西交流史话	张国刚		
	67	满汉文化交流史话	定宜庄		
	68	汉藏文化交流史话	刘 忠		
	69	蒙藏文化交流史话	丁守璞	杨恩洪	
	70	中日文化交流史话	冯佐哲		
	71	中国阿拉伯文化交流史话	宋 岘		
思想学术系列（21种）	72	文明起源史话	杜金鹏	焦天龙	
	73	汉字史话	郭小武		
	74	天文学史话	冯 时		
	75	地理学史话	杜 瑜		
	76	儒家史话	孙开泰		
	77	法家史话	孙开泰		
	78	兵家史话	王晓卫		
	79	玄学史话	张齐明		
	80	道教史话	王 卡		
	81	佛教史话	魏道儒		
	82	中国基督教史话	王美秀		
	83	民间信仰史话	侯 杰		
	84	训诂学史话	周信炎		
	85	帛书史话	陈松长		
	86	四书五经史话	黄鸿春		

系列名	序号	书名	作者
思想学术系列（21种）	87	史学史话	谢保成
	88	哲学史话	谷 方
	89	方志史话	卫家雄
	90	考古学史话	朱乃诚
	91	物理学史话	王 冰
	92	地图史话	朱玲玲
文学艺术系列（8种）	93	书法史话	朱守道
	94	绘画史话	李福顺
	95	诗歌史话	陶文鹏
	96	散文史话	郑永晓
	97	音韵史话	张惠英
	98	戏曲史话	王卫民
	99	小说史话	周中明 吴家荣
	100	杂技史话	崔乐泉
社会风俗系列（13种）	101	宗族史话	冯尔康 阎爱民
	102	家庭史话	张国刚
	103	婚姻史话	张 涛 项永琴
	104	礼俗史话	王贵民
	105	节俗史话	韩养民 郭兴文
	106	饮食史话	王仁湘
	107	饮茶史话	王仁湘 杨焕新
	108	饮酒史话	袁立泽
	109	服饰史话	赵连赏
	110	体育史话	崔乐泉
	111	养生史话	罗时铭
	112	收藏史话	李雪梅
	113	丧葬史话	张捷夫

系列名	序号	书 名	作 者	
近代政治史系列（28种）	114	鸦片战争史话	朱谐汉	
	115	太平天国史话	张远鹏	
	116	洋务运动史话	丁贤俊	
	117	甲午战争史话	寇伟	
	118	戊戌维新运动史话	刘悦斌	
	119	义和团史话	卞修跃	
	120	辛亥革命史话	张海鹏	邓红洲
	121	五四运动史话	常丕军	
	122	北洋政府史话	潘 荣	魏又行
	123	国民政府史话	郑则民	
	124	十年内战史话	贾 维	
	125	中华苏维埃史话	杨丽琼	刘 强
	126	西安事变史话	李义彬	
	127	抗日战争史话	荣维木	
	128	陕甘宁边区政府史话	刘东社	刘全娥
	129	解放战争史话	朱宗震	汪朝光
	130	革命根据地史话	马洪武	王明生
	131	中国人民解放军史话	荣维木	
	132	宪政史话	徐辉琪	付建成
	133	工人运动史话	唐玉良	高爱娣
	134	农民运动史话	方之光	龚 云
	135	青年运动史话	郭贵儒	
	136	妇女运动史话	刘 红	刘光永
	137	土地改革史话	董志凯	陈廷煊
	138	买办史话	潘君祥	顾柏荣
	139	四大家族史话	江绍贞	
	140	汪伪政权史话	闻少华	
	141	伪满洲国史话	齐福霖	

系列名	序号	书　名	作者
近代经济生活系列（17种）	142	人口史话	姜　涛
	143	禁烟史话	王宏斌
	144	海关史话	陈霞飞　蔡渭洲
	145	铁路史话	龚　云
	146	矿业史话	纪　辛
	147	航运史话	张后铨
	148	邮政史话	修晓波
	149	金融史话	陈争平
	150	通货膨胀史话	郑起东
	151	外债史话	陈争平
	152	商会史话	虞和平
	153	农业改进史话	章　楷
	154	民族工业发展史话	徐建生
	155	灾荒史话	刘仰东　夏明方
	156	流民史话	池子华
	157	秘密社会史话	刘才赋
	158	旗人史话	刘小萌
近代中外关系系列（13种）	159	西洋器物传入中国史话	隋元芬
	160	中外不平等条约史话	李育民
	161	开埠史话	杜　语
	162	教案史话	夏春涛
	163	中英关系史话	孙　庆
	164	中法关系史话	葛夫平
	165	中德关系史话	杜继东
	166	中日关系史话	王建朗
	167	中美关系史话	陶文钊
	168	中俄关系史话	薛衔天
	169	中苏关系史话	黄纪莲
	170	华侨史话	陈　民　任贵祥
	171	华工史话	董丛林

系列名	序号	书名	作者
近代精神文化系列（18种）	172	政治思想史话	朱志敏
	173	伦理道德史话	马 勇
	174	启蒙思潮史话	彭平一
	175	三民主义史话	贺 渊
	176	社会主义思潮史话	张 武　张艳国　喻承久
	177	无政府主义思潮史话	汤庭芬
	178	教育史话	朱从兵
	179	大学史话	金以林
	180	留学史话	刘志强　张学继
	181	法制史话	李 力
	182	报刊史话	李仲明
	183	出版史话	刘俐娜
	184	科学技术史话	姜 超
	185	翻译史话	王晓丹
	186	美术史话	龚产兴
	187	音乐史话	梁茂春
	188	电影史话	孙立峰
	189	话剧史话	梁淑安
近代区域文化系列（11种）	190	北京史话	果鸿孝
	191	上海史话	马学强　宋钻友
	192	天津史话	罗澍伟
	193	广州史话	张 苹　张 磊
	194	武汉史话	皮明庥　郑自来
	195	重庆史话	隗瀛涛　沈松平
	196	新疆史话	王建民
	197	西藏史话	徐志民
	198	香港史话	刘蜀永
	199	澳门史话	邓开颂　陆晓敏　杨仁飞
	200	台湾史话	程朝云

《中国史话》主要编辑
出版发行人

总　策　划　　谢寿光　　王　　正

执行策划　　杨　群　　徐思彦　　宋月华

　　　　　　梁艳玲　　刘晖春　　张国春

统　　　筹　　黄　丹　　宋淑洁

设计总监　　孙元明

市场推广　　蔡继辉　　刘德顺　　李丽丽

责任印制　　岳　阳